TAURAI AMAI!

Muunganidzwa weNhetembo

COSMAS TASVIKA MANHANHANHA

Mwanaka Media and Publishing Pvt Ltd,
Chitungwiza Zimbabwe
*
Creativity, Wisdom and Beauty

Publisher: *Mmap*
Mwanaka Media and Publishing Pvt Ltd
24 Svosve Road, Zengeza 1
Chitungwiza Zimbabwe
mwanaka@yahoo.com
mwanaka13@gmail.com
www.africanbookscollective.com/publishers/mwanaka-media-and-publishing
https://facebook.com/MwanakaMediaAndPublishing/

Distributed in and outside N. America by African Books Collective
orders@africanbookscollective.com
www.africanbookscollective.com

ISBN: 978-1-77934-038-2
EAN: 9781779340382

© Cosmas Tasvika Manhanhanha 2024

All rights reserved.
No part of this book may be reproduced or transmitted in any form or by any means, mechanical or electronic, including photocopying and recording, or be stored in any information storage or retrieval system, without written permission from the publisher

DISCLAIMER
All views expressed in this publication are those of the author and do not necessarily reflect the views of *Mmap*.

Nhoroondo Yemunyori

Manhanhanha Comas Tasvika munyori, mudzidzisi, mupepeti wezvinyorwa uye mutsvakurudzi. Akaberekerwa muChegutu vari mapatya. Padzidzo ane *Masters of Education Degree in Languages (*Shona) *uye Bachelor of Secondary Education Honours Degree* (ChiShona ne*Geography*) zvaakawana paGreat Zimbabwe University. B.E.D *Hons Degree* rake akaripihwa nemubairo we*University Book Prize* mushure mekuratidza humhare mudzidzo. Zvinyorwa zvake zvinosanganisira muunganidzwa wenhetembo Mazwi Makuru Ane Dzikinuro uri kudzidzwa padanho re*Ordinary Level* paZIMSEC kusvika 2027. Akanyorawo nhetembo mumiunganidzwa inosanganisira Mabviravira eNhetembo uye Mutinhimira weNhetembo. Munyori akanyorawo mabhuku anosanganisira Dengu reShona Uvaranomwe gwaro rechina, Dengu reShona Mutauro gwaro rechina nemamwewo mazhinji akatsaukana ari kutsikiswa. Munyori anoshandawo panhepfenyuro ye*Madziwa FM* pachirongwa Ndichiri Mutete chinobata madetembo semukokwa mukuru. Kunyora, kuongorora uvaranomwe netsvakurudzo ndizvo zvimwe zvinomufadza.

ZVIRI MUKATI

Ndizvo here varume
Rima
Famba mwanakadzi famba!
Zvinobaya
Ngaruve rwepamoyo
Mhare
Pane asina basa?
Vakaoneka nyika.
Ndiyani?
Masiyanei
Iyi mbama.
Nhaka
Tafadzwa
Kutaura?
Kuzviitira here?
Zvakabva nekupi?
Ichi chiroto!
Pfumvumutsimba
Onaiwo
Tibatsireiwo mambo
Harichakosha?
Mhondi
Ndiyani akaronga?

Ndekuno chete!
Ndiyani?
Zvaidakadza pahumwe
Kuita here?
Mitambo
Kutsvaga
Muti muchero
Murere vemazwi
Vanatwowo
Zvii izvi?
Ndiyani akazviita?
Twutsaona
Ndiyani akazvitanga
Dzichatongwa rinhi?
Ndomucheno?
Yekumwa
Ko ava?
Mauto
Imbwa idzi
Hurimi
Zvimwe zvinhu
Zvezvitoyi
Gunduwo
Kubvarukiswa
Dai usipo
Munobatwa nei?
Zvinoda renyu

Zvanyanyawo kani!
Ndiyamureiwo mambo!
Maitiro enyu
Tinongoreva
Kuitawo here?
Chii chinobuda?
Yakaonei imbwa?
Zvimwe zvinhu
Svadu
Maitiroiko?
Mupahupenyu!
Mushongedzi
Ndimika shasha
Kuitawo here varume?
Dutavanhu
Vana vavo
Nhamo!
Kwauchaenda!
Ivawoka, "*Small House*"
Makasikwa seiko?
Ivawo mudzimai wanhasi.
Zvinorevei?
Ichokwadi here?
Tambudzai
Wakagona shamwari.
Kubaya moyo
Kumhoresa.

Ndinodada newe
Ndasuwa kwedu
Achamuka!
Hwaiva hupenyu.
Hunganzi hwangu?
Angawanikepi?
Maitiroiko?
Makabata gobvu.
Kwawakananga
Itsika yedu?
Mwaka
Rudo here?
Wakazoitei?
Mhodzi kangai
Chenjerera!
Kwenyu
Kuita tsitsi kunei?
Zviri kwese.
Achawanikwepi?
Tiri vanawo
Nhai Ishe!
Imhepo hwai?
Mheni
Tinokudai.
Kunokunda kutaura
Nyaya huru
Pfavirai pfuti

Makapasika seiko?
Ivai vanababa varumewee!
Ziva!
Munozvinetsereiko?
Tinovonga
Chinozonaka seiko?
Nhaka!
Zvinobaya!
Mutengesi
Varwere!
Ndoreva seiko?
Zvine ngozi
Funga!
Zvine ngozi
Zvakanaka here?
Mhosva ndeyei?
Pauri.
Hamheno!
Ko zvinoitirweiko?
Wakarwa semvumba
Amai Taurai!

NHUNGAMIDZO

Nduri dziri mumuunganidzwa uno dzine dzidzo inokosha inofanirwa kusvika kumhuri yeZimbabwe, Africa yese nepasi rose. Madingindira akatsaukana mumuunganidzwa uno anoratidza kuzemberana nepfungwa huru dzinobata chino nechocho chinowanikwa chichikosha mukurarama kwevanhu kwezuva nezuva. Nyaya huru dzakanangana nekutsiura kushandiswa kwezvinodhaka, kuremekedza nhaka yenyika, kukoshesa rudzi, kushanda nesimba, kukurudzira kubatana, kukoshesa kodzero dzevanhu, vana, vakuru nevakwegura, kuchengeta nhoroondo yenyika yeZimbabwe, kudzoreredza maitiro akaipa seumbavha, humhondi nezvimwe, kusimudzira tsika nemagariro erudzi rwedu, kuchengetedza nhoroondo yehondo yechimurenga, kukurudzira budiriro yenyika, zverudo, kurumbidza zvezvisikwa zvamusikavanhu, kukurudzira kuchengetedzwa kweutano uye zveunyanzvi hwekuvhima mari dzakaongororwa nekupakurwa zvine hunyanzvi kubudikidza nenhetembo.

Nyanduri akashandisa manzwiro akasiyana-siyana anoti kuraira, kutsiura, kunyunyuta, kurumbidza, kudemba, kushora nemamwewo mechinangwa chekuyanika pachena zvinhu pachena sezvazviri sebvi rembudzi nenzira inotekenyedza pfungwa. Nhetembo idzi dzakanyorwa nemuono unosimbirira pamaonero enyanzvi dzeuvaranomwe dzinoburitsa mufungo wekuti munyori weuvaranomwe mudzidzisi wetsika uyo anomira seuto rinorwira kuchengetwa tsika nemagariro nezvinokosha zvemunyika. Munyori anopa dzidziso kubva pazviitiko zvinopisapisa mukurarama kwevanhu nhasi uno munyika kuitira kuti vanhu vagova vanonzwisisa zviitiko nemamwe manzwisisiro akasiyana nezvavangangova vachiita. Bhuku rino rinokodzera kushandiswa nevanhu vese sezvo rakagukuchiri utsome hwerudzi rwevatema.

NDIZVO HERE VARUME?

Zvazvirimo wani mudura?
Chenyu kuve nedzegunguwo
Ko zvomoita hwedindingwe?
Dindingwe rinozipirwa nekukweva rimwe?
Parinokwevewawo roti aro azarevhu.

Chimwe chara inda haitswanyike,
Rume rimwe harikombi churu,
Zano ndega akasiya jira mumasese,
Kuchera mbeva kukombera.
Varume kutsva kwendebvu vanodzimurana
Vakaresva here vanasorojena?
Kuruka aya eyeuchidzo?
Yeuchidzo yekubatana.

Ko nhaimi varume?
Zvomoti gotsi papata,
Wezasi nga seuchakwachuka?
Kutooma musora sehanga,
Kurambana neaya mashoko.
Kusimbirira iwayo,
"Nhamo yeumwe hairambirwa sadza.
Mwana wehuku anodya ndearipo"
Ndizvo here vanababa?

Dai vakadaro madzitateguru,
Aimira here Masvingo?
 Masvingo enyika Zimbabwe?
Dai vakadaro vanamukoma,
Mumagwindingwi nemapako?
Rwaiuya here rusununguko?
Ko idzo nyuchi?
Dai dzichiita mazvake mazvake,
Hwaiwanika here hunozipa huchi?

Mashoko evakuru ngatevedzwe.
Iwe nechako chipo ini nechanguwo uyuwo chakewo,
Kubatana kuiumba, kupesaniswa kuiputsa nyika,
Kuputsa nyika Africa yemadzitateguru.
Zvave kwatiri semwene wejira.
Kufuka kana kuwarira!

Rima

Iri izwi, "Rima."
Harisiba zita, rima,
Rima rerima rekusviba.

Iri izwi, "Rima."
Chiito, kureva rima,
Kudyara mbesa uchikohwa,
Kuchengeta zvipfuwo uchikohwa,
Kurima ndiro izwi "Rima."

Iri izwi,
Ndiroka rakanzi nababa venyika,
Venyika baba VaNkomo,
Rikashandurwa rinoti, "Mari."

Rima!
Kuitsvaga ine mumvuri,
Kuitsvaga nekurima,
Mbesa, zvipfuyo kana hove,
Rima kuzvibvisa murima renhamo,
Rima kuriyambuka reurombo gungwa,
Rima kuzvisunungura pajoki reurombo,
Rima kuvandudza yenyika pfuma,
Rima kuvandudza hwemhuri hupenyu,
Rima kuzadzaka matura ayoyi nyika

Kuzadza matura ehomwe nemari,
Kugadzira hwenyika hupfumi.
Kuzvigona ndikoka kugona.
Nesuwo tingatika,
Uyu ndiyeka murimi!
"Murimi wanhasi!"

Famba mwanakadzi.

Famba mwanakadzi famba!
Zvavaiti zvavo,
Zvavo zvava zveduwo.
Makomo aisava neukwiriko,
Nhasi onge nhanzva kutsverendendeka.
Ndiroka jechetere.
Kusunungura vanakadzi.

Mwanakadzi famba!
Meso unawo saivo,
Njere unadzo sedzavo,
Rako bvudzi rinomera seravo,
Ako makumbo maviri seavo,
Ungazvikoniwa nei zvavanoita?
Famba mwanakadzi famba!

Famba mwanakadzi,
Hausi wemapoto,
Haumirire kubara sesheche,
Hauraramire kuroorwa kana kuroodzwa,
Hauzvarirwe kuva mushandiswi,
Kuva here mushandiswi?
Hushandisi huripo?
Famba mwanakadzi famba!

Famba kani fambawe!
Mabasa ainzi evendebvu angakoneka?
Angakoneka ehutyairi?
Akati hauitwe nevakadzi ndiyani?

Kugadzira mota?
Akati ndekwevarume ndiyani?
Ko? Hutungamiri?
Hwakanzi hwevarume nani?
Dzidzo, akati ndeyevanarume ndeupi?
Kutyaira ndege ungakoneswa nani?
Famba kani famba mwanakadziwe!

Rakati pfacha jechetere,
Jechetere chiedza,
Murima rehwako hupenyu.
Famba mwanakadzi.
Wakoniwa kufamba,
Tingasati uri dera?

Zvinobaya.

Moyo zvinoti dyu.
Kudyiwa nekudyiswa.
Kurambwa kweidi.
Zviri pachena sebvi rembudzi.
Zvonzi tana kurambwa.
Njere hwai dzevatema.
Kutenda manyepo,
Manyepo anokushisa mukondombera.

Aya manyepo
"Ongororo yeHIV inonyepa."
Hwabatwa muropa hunzi manyepo,
Manyepo! Huri muropa hutachiona?
Chinangwa kuchipotseraka utachiona.
 Kupotsera kune vasina mhaka?

Idzi nhema!
"Kuziva mhandara kunopedza *HIV*."
Nacho nanga nanga kumhandara.
Bonde kukwasha kupwere.
Kutapuriraka idzi mhandara.
Kuvesa umwe wonganduma moto.
Nadzo nhemadzo.

Idzi nharo.

Nharo dzekushaya zivo.
"Murwere we*HIV* anooneka nemeso."
Angaoneke nemeso?
Murwere wechemuropa?
Nazvo pabonde pindikiti,
Kuongororwa hapana.
Mangwana kwetsu mhere.
Hwagara matunduru utachiona.

Dzenyu njere.
"N'anga dzinorapa *HIV*."
Ingairapa n'anga nemakona.
Nhema wokushirwa.
"Wapora utachiona."
Wonyeperwa
Zuva nezuva uchin'enga.
Mwedzi nemwedzi uchiparadzira.
Nedzenyu dzekutenda mun'anga.

Chibataika basa!
Rakapera here risati ratanga?
NAC muripiko?
Vanachiremba muripiko?
Rovaika basa
Ingaparare nyika.

Ndiyani akaronga?

Zvakaitwa nani?
Zvakaitwa zvichiitirwe?
Dziri tsika dzani?
Kuti zvigobatsirei manje?
Zvirizvo zvingatevedzwa here?
Musi pagore umwe chete.

" *Mother's Day,*
Father's Day.
Valentine's day"

Sei pasinawo,
"Sister's day
Brother's day
Aunt's day
Grandmother's day
Grandfather's day."

Ndeyani iyi tsika
Hunhu here?
Kudisa munhu?
Musi umwe here?
Hunhu?
Ko mimwe misi?
Haikoshi here?

Kuda munhu
Kwakaipa here?
Kukava kwemisi yese?

Idai vanhu misi yese!
Zvezvizuva izvi haanganzi madanha?

Kuita tsitsi kunei?

Vematumbu!
Vemazakwatira!
Vemazihambautare!
Vene vehomwe hobvu!
Vene veropa,
Ropa rizere uturu,
Uturu hweshuramatongo.
Kuita tsitsi kunei?

Tsiye nyoro hamhuna.
Nanga nanga nemhandara.
Mumakoreji, *mughetto* nemudhorobha.
Mhandara dzezera nevazukuru vevazukuru venyu.
Kumwaya mazakwatira kuvakwezva,
Nharembozha muchitengaka,
Mbatya muchibvisira makwatara,
Twunonaka muchimwayaka.
Mazita muchizvipa, "*Blesser!*"
Zvaana "*Sugar daddy*" Makati zvakasara.
Vavariro kuwana bonde,
Bonde rekutapurira pwere chirwere.
Yenyu moyo idombo chokwadi.

Tsiye nyoro hamhuna.

Njere moita sedzakatamba nepwere?
Kuita mutemarege wenyoka,
Nyoka inoruma chaisingadye.
Wamapa mukondombera achada mushaka?
Wotapurira risina mhaka jaya?
Ari wenyu aroora wamakaoodza?
Mainzwawo seiko?
Ari wenyu wamatapurira?
Zvinokubataiwo seiko?

Mutemo uripo?
Zvimwe ita uchiona.
Ungati haisi here mhosva?
Nemhaka yekuti ave negumi nemasere?
Gumi nemasere kukura here kwemhandara?
Svinurawo mutemo ubate idzi mhondi.
Vanasikana, vehomwe hobvu ngwariraiwo.
Munoisiya nyika muchaida!

Mhare

Guru uri kubata,
Kubata usina meso,
Zvine meso uchinan'anidza.
Kubata usina uropi,
Sevene venjeremupengo unogadzirisa.
Kubata wakati zii,
Kutaura seune muromo,
Muromo zvako usina.
Ndiwe mhare pamhare.
Kudonongodza seunonzwa.
Nzeve usina neibodzi.

Misha wakabatanidza,
Uyu newoyo ndivo ngavawanane.
Uyu newoyo havawanane.

Zviwanikwa zvesango wakachengeta.
Uyu chako chisikwa chakati,
Chakati chako haudye.

Vanhu wakasunganidza,
Newe vasiri veropa vanove hama.
"Chako chisikwa ndicho changu,
Wava mukoma, munin'ina kana hanzvadzi."

Ko kuzoti zenze rerumbidziso,
Kuzvikakanyadza kupfuura garikuni.
"Changu chisikwa chakati, ndiri shasha!"
Kuita kwakoka iwe huru mhare!

Ko iko kutendeswa zvako!
"Maita! Zvaitwa! Zvaonekwa!
Shoko, Mhofu, Mbizi, mbeva
Makwiramiti! Musiyamwa! Mazvimbakupa! Musoni!"
Newe hupenyu hwove nhanzva mudziva rerufaro.

Dzingawanikwa panyika mhare,
Dzepanyika mhare,
Hwadzo humhare hutete.
Hwako hunokunda ngoma kurira.
Uri mhare! Mutupo! Uri kubata basa!

Pane asina basa?

Panyika angawanikwe?
Asina basa angawanikwepi?

Muchikoro,
Anonzi matofo,
Matofo ndoasina basa?
Dzinonzi shasha,
Shasha ndodzine basa?
Matofo! Hutofo hwekudii muchikoro?
Shasha! hushasha hwekudii mudzidzo?
Anonzi matofo, haazoshandirwe here?
Munyika nedzainzi shasha?

Pane asina basa?
Vadzidzi, modzidzisei pasina vana?
Veporitikisi, mopinda sei pachigaro pasina vatsigiri?
Vezvitoro, anotenga ndiyani pasina mutengi?
Vezvifambiso anokwira ndiyani pasina vanhu?
Pabasa, ringafamba sei pasina mushandi?

Mupfumi kana murombo,
Shasha kana dofo,
Mushandi kana mushandirwi,
Mutsigiri kana mutsigirwi,

Mutungamiri kana mutungamirwi,
Mutongi kana mutongwi.
Ndiyani angava chikorobho?
Angava nyama yedhonji ndiyani?
Angava yechidembo nyama ndeupi?
Angawanikwe angava yembwa nyama?

Mupfumi shoroma
Guva rakacherwa newenhewechena wani?
Koshesai vanhu panyika!

Zvii izvi?

Mutsine,
Mafeso,
Zvidhongi.
Tsangadzi,
Tsinde.
Bupwe,
Samwenda,
Mubonongwe.
Nhedzi,
Kapfiripiti,
Tsvuketsvuke.
Ndiro renyu goho pano?
Mwaka nemwaka,
Gore negore.
Toendesaka kudura renyika?
Grain Marketing Board?
Zvarambwa togadzira renyuka?
Sora Marketing Board?

Mungati here ndezvewedema?
Ko ava?
Zvamakatorera pamwe?
Zvamuri vavakidzani?
Gore negore gorosi,
Gore negore soya.

Mwaka nemwaka chibage,
Nguva nenguva *sunflower*,
Umwewo mwaka mapfunde nemhunga.
Zvaanonzwa nekututa wani magonyeti?
Kunangisa kudura guru renyika?
Zvavari wedema wani?
Yedenga zvairi imwe wani?
Basa zvamunosevenza kumwe wani?
Chigaro chamunacho zvachiricho chavo?
Saka kwenyu chii?

VaMurimasora, mubatapahombe!
Enyu masoragahadzo,
Enyu maitiro anovhundutsa,
Kutinhira semutinhimira wegidi.
Hamhungava mabatana nemhandu?
Itaiwozve semukuru nhayi? Zvingaipa?
Kohwaiwoka mbesa, tingawanei makohwa sora?

Vakaoneka nyika.

Angati here bufu?
Zvaanongoti tuzu?
Vetsiye nyoro meso vhare vhare.
Uropi hungawane here chekuronga?
Chepaura chine angafunga?
Rukudzo rungavako here?
Atonga zvake Zame.
Ndiwo maitiro azvo.
Vaioneka nyika!

Ko ava vatano, vapenyu?
Dumbu harina achacheuka,
Tuzu, maziso boi boi, wave mugariro.
Charongwapo dhongi rakaora.
Pekuvata, padzabatira semhuka yesango.
Matauriro, hasha, hondo neho ho hoo bedzi!
Kukudzawo munhu semunhu hapanazve?
Kuvakawo wako musha kuiteya neriva nzou.
Vagarwa nazvo matunduru mutoriro kana guka.

Ramangwana richazovei?
Rababa vasingadyi?
Rababa vasingarongeri hupenyu
Baba vehondo,
Vasina yepundutso hondo?
Baba vasina nenjere dzekutsvaga raramo?

Baba vane njere dzeruoko,
Ruoko rwekukwasha kangopisa?
Rababa vasina njere dzekuva,
Baba asinei nekumira rudzi?

Ava vanhu!
Havasi here vakaioneka nyika?
Havasi here kunyikadzimu?
Kuurawa pfungwa,
Mutumbi uri mupenyu,
Kuodza raramamo, nezvinodhaka?
Onaiiwo samasimba, Batsiraiwo nyika!

Ndiyani?

Asina tsiye nyoro,
Mupambi webuwe,
Mutandira vamwe zvavo?
Banya, nhika kana shana,
Zvinova nherera yemwena.
Asvika wemoyodema weupambi.
Ozoti zvake go mumwenamo,
Seakauvaka osika wake mutemo.
Chichapamira chingawanikepi?

Ndiyaniko pasi pano?
Ane aya ekumadokero maitiro?
Zvevamwe kupamba kuita zvake?
Zvevamwe kutonga sezvake?
Zvevamwe kuchengera sezvake?
Dzevamwe kusvinurira kuita zvake?
Iyeyu ane ihwo hwayo huitiro?
Ko rake dzinza ringaoneke neiko?
Ndiyani ane hunhu hwenyoka panyika?
Nyoka zvainotsondwa musoro?
Ane maitiro enyoka anoitwa seiko?

Zvaidakadza pahumwe.

Zvaidakadza,
Kuponda mhandu nzara,
Kuponda mhondi hupatsu hupatsu
Pahumwe tiri vamwe,
Vamwe veropa rimwe,
Ropa rimwe rudzi rumwe,
Rumwe rudzi nzanga imwe.
Zvaidakadza pahumwe.

Humwe hwekusosa munda,
Humwe hwekukanda mbesa pasi,
Humwe kurwisa mhandu bundo,
Humwe kubvisa mbesa muminda,
Nhimbe kana Jakwara tiri vamwe,
Mushandirapamwe ndiko kuti vatema,
Zvaidakadza pahumwe muvatema

Zvaidakadza pahumwe,
Kuhusimbisa nekudya,
Musvuu kana yechinheya,
Jongwe kana tseketa,
Mbudzi, mombe, hwai kana garikuni.
Rezviyo, mapfunde kana mhunga.
Kuita pamwe kusimbisa hukama.

Kuhusimbisa nekunwa zvaidakadza,

Webumhe mukombe, pwere dzichishapira,
Wemusumo kuna samusha,
Kusumiraka yavambwa nhimbe.
Wehokero kuna samana,
Yatsiriridza chobuda chikururamabhachi,
Chikururamabhachi chokudzimura nyota,
Rakwira nhapitapi yehudyi kambu kambu,
Kambu kambu muzvikwata zvikwata
Kuripaka isingaperi kuripwa yatezvara dumbu.

Wematakuro uchidzvutwa,
Chikururamabhachi chichidzikisirwa,
WeMataipedza uchionekana nayozve
Wetsine, mukwasha kushapira,
Wematuriro, kuharahwa huru pane dzese,
Wemataitumbura, uchirohwa
Wematakuro, kuchembere,
Chembere yatsiga iyi mikombe.
Wemataipedza, pakuonekana nawo uchishapirwa.
Ndizvoka rifambe nekunwa basa, pahumwe!

Humwe tiri vamwe nzara yaioneka
Humwe kupedza hurombo.
Ko? Nhasi zvakaipeiko?
Humwe, mukutongwa?
Humwe mumabasa?
Jakwara pakutongana?

Nhimbe mumararamiro.
Inosimuka nyika
Hundingoveni, uori makaro,
Pasi nazvo!

Masiyanei

Wenyu musiyano.
Paganda!
Rimwe rinenge renguruve yaparwa,
Rimwe rorerekera, kutsvubvu.
Pabvudzi!
Renyu dema pfupi,
Ravowo risiri dema.
Maitiro ibvi nemupimbiri.
Munganzi masiyana?

Vabvakure,
Avo maitiro,
Minda miganhu vakabata nemabhiza,
Parakanetera bhiza,
Ndiwo wavo wemunda muganhu.
Guta reHarare, ukuru hweyavo minda.
Naku gobvu dzvuku kana dema.
Kutapa seyavo nyika.
Manyemwe!
Kupfuura edongi paChigayo.
Kupura vene vevhu nezvamboko.
Hunzi, "Shanda mwana wemutema!"
Migwazo pano nekoko
Kudikitirira mubvakure,
Kushandisa vene venyika senhapwa?

Ko iwe?
Mwana wevhu?
Wedema pfupi?
Unoitireiko magutandega?
 Kufana mubvakure?
Yawakatora mingani minda?
Hwayo hukuru gutazve.
Gumi negumi minda pamunhu,
Vamwe kana dunduru havana.
Kuti here kubatira zvizukuru?
Heya nekuti une chigaro?
Hoo ndizvo zvavakafira nhayi?
Vanamukoma?
Hunhu hwayi?
Kuzvifunga paminda?
Masiyanei zvino?
Nevapambipfumi, masiyanei?
 Nehwemakaro hunhu masiyanei?

Chichapfuka chamakadya.
Iri munzira ongororo yeminda.
Land Audit rakasha basa.
Keke renyika iri tigodya teseka!
Tikadaro tingasati tabudirira?

Ngaruve rwepamoyo

Changu chijaya "Tinenyasha!"
Nevanji veyehumambo,
Chigaranhaka muchengetarudzi.
Zarura dzako dzemoyo,
Aya mashoko ave yemoyo pfimbi,
Pauchakaka museve mudondo,
Kutsvaka kubaya rimwe rekumira naro Bango.
Wamachengeta uchararama.

Usayevedzwe nezvinoora pavari,
Usatorwa moyo nechiuno,
Usapofomadzwa nedundundu,
Usamedzere mate rweganda ruvara.
Usarezva nemafambiro,
Makomba mumatama asapedza rako simba.
Semazhanje zvese zvinokuva.

Usavhiringwa nerwutema rwuvara,
Nhenha isibi inoroya.
Vangani vashava vakaikundika misha?
Vangani vedema vakachengeta misha?
Vanganiko vanaku vari mabhahwa?
Vanganiko vekunzi vekushata vari mumisha?
Hutete husakufuratidza,

Vakati twi vari mumisha wani,
Vakobvu vakaikundika misha wani?

Zvinoona rudo nderwepamoyo
Ida wawada nekumuda kwemoyo.
Kutarisa chimiro hakuna yamuro.

Iyi mbama.

Ichi chirevo chembama,
"Kwaturwa rerudyi dama,
Pira reruboshwe rwukwaturwe."
Kuratidza huzere hutenderi?

Yemuvengi igwaturaganda,
Kuinzi watsu yemhandu,
Rakacheka nyika mumeso inopenya.
Ingarohwa munhu ruviri akapona?
Yemhandu mbama?

Chazvo chirevo ndechipi?
Hakusi kunzi ratorwa bindu ipa munda?
Atorwa mwana ipa mukadzi?
Kabvutwa kagodo kengoda,
Endesazve mugodhi?
Wabvutirwa minda
Wopa zvese nenyika?
Chaizvo chirevo, dudzaiwozveka!
Itsitsi here kuzvamburwa ruviri nembama?

Nhaka
Muzvedu zvanza takarigukuchira
Zvavakareva vakatungamira,
"Nyika Zimbabwe,
Haichapindazve muhutapwa,
Iro ivhu inhaka,
Nhaka yemadzitateguru,
Nhaka isina nebenzi ringaipunyutsa.
Chikosho kunewe neni
Kuishandisa nhaka kugadzira nhaka,
Kuumba hupfumi, kusiira vamwewo nhaka
Tadaro tazadzisa dzavo shuviro
Vanamai, vanababa nemadzikoma,
 Vakapikira kutungamira,
Kuitira nhasi tive nenhaka.

Ivhu inhaka,
Nhaka yevhu ngaikosheswe!
Nhaka yevhu ngaishandiswe,
Muzhizha, masutso, chando.
Kurima pakuru,
Kuzadza enyika matura
Kuvaka nyika,
Kuhaka jego netirakita,
Kuhaka mari kuikanda mudura,
Kudzinga nzara yenhamo,
Kudiridzira zhinji,

Chirimo nechando zvingaipa?
Kuishandisa yekupisa bundo,
Kudzinga hurombe kuroya hurombo,
Tadaro tingasati tose tavaka nyika?

Zimbabwe ndirori ivhu chitaka charo,
Moyo wayo nyika Africa,
Tibatanei veZimbabwe,
Kudikitirira pairori ivhu,
Tinopasvika chete,
Paye pekuva mubereki,
Pekuiriritira yese Africa tinosvika!
Iwe neni tine basa,
Hero basa!
Kushandira nyika nevhu!

Basa sebasa ngaribatwe!
Nyika idye igute!

TAFADZWA!

Kurarira kwemakore,
Kuita sematuri muzviuno,
Kumedza nezvinoyera kutsvaga budzi,
Kutsvaga kanoti n'ee kukashaya basa.
Makore makumi maviri pasina rushava.
Asika Nyadenga akarangarira newe,
Ndokukuti, "Tafadzwa" nedenga tafadzwa.
Tafadzwa ukavezve zai regondo.

Newe musiki rudo takarupupura,
Matenda akakusema senyama yedhongi,
Hutano hukakuda semhandara tsvuku.
Wakava chigwindiri kubva muusvava,
Muhupwere, hukomana nehujaya.
Tikatika tafadzwa nanyadenga neuyu Tafadzwa.
Dzako njere dzakava njeremupengo,
Chikoro newe chakanga chovhundutswa.
Aitora mukombe uripo akambowanikepiko?
Kana *ZIMSEC* yakakupa gumi nemavirika ma$A$!
Danho retanhatu ikakupazve mashanu ma$A$!
Vhasiti ikakurova ne*first classs* yeugweta
Takati nyadenga ane tsitsi, newe Tafadzwa.
Mhururu ikarohwa miridzo ikarohwazve tafadzwa.

Ko ichi chakakubata chakabvepi Tafadzwa?
Kutanga wabva zera here Tafadzwa?
Dombo! Akakunangisaro ndiyaniko?
Ndiyaniko atigura kunoti tyaka?
Ndiro here rakudai Tafadzwa?
Ndizvo here wapinza mweya mukati?
Mweya wehutsi hwaro dombo?
Ndokuti maku mumapapu,
Kuchiti budawe zvakona n'anga.
Ndizvo here zvaita chipfuva chiti tuku tuku?
Ndizvo here zvaita maziso wongomati wudyu?
Ndizvo here zvakandisa vanachiremba mapfumo pasi?
Ndizvo here zvakusiyisa jenamuponesi?
Ndiro here dombo Tafadzwa?
Ratisiya pamhene pano nhayi?
Ndiro here dombo?
Rakutungamidza usina kana kana budzi?
Chokwadi uri zai regondo?
Ndiro here dombo?
Rakutora nedzidzo usina kuishandisa?
Ndizvo zvavakareva?
"Murombo yake mbudzi haibare?"
Ko imi vari pasi!
Mativhomorereiko hura tichafema?

Dombo!
Akakuunza ndiyaniko panyika?
Zvawatora zai regondo?

Wati tofarirepiko nhayi dombo?
Newe muganhu tarimirana,
Usaite hako tisangane!
Patinoonana kumera sora zvinoshura!

KUTAURA?

Kutaura, kutaura?
Kunyarara, kutaura?
Kutaura kwekutaura, kutaura.
Kutaura kwekunyarara, kutaura.
Kungava nani ndekupi?
Kutaura kwekutaura kana kwekunyarara?
Kuri nani ndekupi? Kutaura?

Chitaurai kutaura!
Kutaura izwi!
Taurai amai
Taurai vakunzwei!
Taura kutaura kusakambonzwikwa.
Ndimika muoni vewese zvemwana amai,
Taurai zvisareka zvakatsetseka zvenyika izvi!
Taurai zvenyu amai!

KUZVIITIRA HERE?

Kuzvara!
Mhandara kana jaha?
Umwe chete, manyambiri kana manyatatu.
Kuzviitira here?
Ko jaya zvarinova mukwasha,
Mushandi kana mushandisi?
Mhandara, zvainovawo muroora,
Mushandi kana mushandisi?
Kuitira aniko?

Kuroora!
Umwe chete, vaviri, vatatu, vatanhatu
Kamwe chete katatu kana katanhatuzve
Pfuma zviuru nezviuru ichienda rakacheka nyika,
Matanga achisara ave matongo.
Kuzviitira here?
Sadza zvavanobikira rose dzinza wani, madzimai?
Chiroora zvavanotambira nevawakavenga vese?
Kuroora! Kuroorera aniko?

Kuvaka!
Idzi dzanhasi dzinenge dze*America*,
Kuzendemura dzerunako.

Makamuri zana zvawo.
Mudhorobha guru Harare, *KuBorrowdale*.
Kuzviitira here?
Zvadziridzo dzinoumba runako?
Runako rwaiyo *Brook*.
Borrowdale yeHarare.
Kuvaka!
Kuzviitira here nhayi?
Kuvakira ani kuvaka?

Bhizimusi!
Hembe, simende kana nyama.
Kutika hombodo dzinote.
Iyo mhuri iwane chepaura.
Kuzviitira here?
Vamwe zvavanosimira, kuvaka nekuseva muto.
Nerako rembatya, simende kana nyama bhizimusi?
Kuitira ani bhizimusi?

Ko kushanda!
Hudzidzisi, hupurisa, husoja.
Ndiko here kwekuwana makwatara?
Mhuri ibayewo huku, kuhwira tsvigiri nekutsenga mazingwa?
Mazai achiputswawo, dzimba nemotokari zvichitengwa?
Kuitira aniko?
Ko madhokotera zvoobuda muzvenyu zvanza vadzidzisi?
Nyika zvayakadzivirirwa nemi mauto?
Vapari vemhaka zvovorega kudzipara nekutya imi vemutemo?

Kushanda? Hakusi here kushandira nyika?

Kupinda pachigaro chehunotapira hutongi.
Hutongi hwekutonga vanhu,
Vanhu vabva zera kwete pwere.
Hwehukanzura, huMp, huMinisita kana ihwo chaiwo.
Kuzviitira here?
Iyo nyika ichimira newe? Kungava kuzviitira?
Hwako huropi huchiwanisa vanhu ugaro hunotapira sehuchi?
Kuvaka nyika uri iwe?
Kungava kuzviitira?
Kuiputsazve nderwako rudo?
Kunganzi kuzviitira?
Kuitira aniko? Kuitonga?
Kuzviitira here?

Kuzviita zvaunoita zvose kuzviitira tose!
Waiitira iwe, waiitira neni newoyowo!
Chiita uchionawo wakasvinuraka
Hauna here humhondi, humbavha, houri nehutsotsi hwenyika.
Nyika ingaparare kuzviitira kukava kwekuzviitira!

ZVAKABVA NEKUPI?

Zvevatema
Hwemasese,
Mumera kana mapfunde.
Hwekuvidza zuva rimwe,
Hwekuvidza mazuva manomwe.
Bute! Fembu hotsi,
Fembu hotsi.
Ndewavo mugariro vatema
Madzitategurukadzi nemadzitategururume.
Kuvaraidza nguva kukwasha twukosoro.
Kutandara, kuumba hukama nenhari.

Zvavangerengere!
Castle larger, lion larger,
Scud, whisky, chattel.
Bhabharasi rekuhumedza,
Kumedzera kutandara nemadzisahwira.
Yaifamba nguva chosvisvinwa chakauya nengarava,
Nadzo shasha mudzimba dzemadandaro.
Madison, Kingsket, Everrest, chimonera
Kwee hutsi chinguvana togo mudenga!
Kushushira kwemhino, havi yekufemba,
Kufembahwo hutsi changovazve chidyairira.

Zvedzanhasi pwere.
Mbanje, twumbwa, tambirani,

Guka, mutoriro, dombo.
Kokeini,
Mukati kwadzo kuti homu homu kuroyiwa?
Umbavha, upfambi, bonde, hubhinya mati hutsinye?
Hwadzo pwere hurombe uhwu,
Mukati ndewedzinza?
Kwavo kushaya nyadzi,
Mati here ndekwekubarwa nako?

Batsiraiwo vezvehutano nemizhinji misangano,
Vadzidzisi heroka basa!
Rukai musungwa wawo mashoko,
Ingaparare here nyika muripo?
Vemutemo zvamunenge mafuratira wani?
 Ichityorwa yenyika mitemo?
Houri here kana chiokomuhomwe?

Ko amai muripiko?
Vana vachiparara makasvinura zvenyu?
Samatenga! Wedenga!
 Wenyasha zhinji!
 Zvaanopindura wani yenyu miteuro?
Taurai amai!
 Yenyu ngaitumirwe miteuro.
Nyika ibengenyurwe, pwere dziraramiswe.
Taurai amai!
Taurai kuna Zame,

Zvezvinodhaka zvikuve.

ICHI CHIROTO!

Ichochi ndichochi,
Ndichochi ichochi.
Ichochi chiroto.
Chambobvepiko?
Chabvepi zvachisiri chezvekuona?
Ko zvachiri chisionekwe?
Chabvepiko?
Ichi chiroto?

Zvechanhasi zvandikona,
Kungoti rororo, pepu, kwetsu mhere.
Ro ro ro, pepu mhere kwetsu,
Honzeri
Ndichochi, ichi chiroto.

Ichi chiroto.
Kuunza zvisakaonekwa?
Zvabvepi zvisionekwe?
Gonzo richitizwa nekatsi,
Gonzo kumedza katsi?
Bere richitiza mbudzi,
Mbudzi kutizwa nebere,

Bere kumedzwa nembudzi.
Shumba kumedzwa nemunhu.
Gondo kuhwaturwa nekatiyo?
Kamba pamujahwo nedindingwe.
Dindingwe kusara nekamba.

Dziriko mhare here?
Mhare dzekuchidudzira?
Hero basa!
Chinoda dudziro,
Ichi chiroto.
Nekuti zviriko zviroto,
Zviroto zvingori zviroto.
Zviroto zvendangariro,
Ndangariro mumafungiro,
Zvinongovawo zviroto?
Mwanawe ako mafungiro,
Haasi here ichi chiroto?
Nhai mukomana ako maonero
Haasi here ichi chiroto
Ko, musikana?
Kuti hachisingoriwo chiroto?

Pafunge, njere dzipinze.
Dzako njere dzive nenjere.
Njere dzezviroto zvezviroto.
Zviroto zvepundutso zvinozadzikisika.
Kwete zviroto zvezvirotorotowo.

PFUMVUMUTSIMBA

Mukoka tsiva hobvu,
Kuvedzengesa wemunhu,
Kuuvedzengesa sewemombe.
Kutashura reanofema,
Kutashura senhoro nebanga.
Dyadyadu dyadyadu kudyadyadura.
Kwachu kwachu mbabvu,
Kwachu kwachu musana,
Kwachu maoko makumbo nemeso.
Pfumvumutsimba yehurume hwevarume.
Pfumvumutsimba yekuvakanda muchizarira.

Shanje! Hobvu ndeyevendebvu,
Yati vhu neropa rinotopati tashu.
Zvingakona neiko huchi amorerwa mumukoko,
Uvambe umvangamakomwe neumbwa,
Umbwa hwekumora yevamwe mikoko,
Iyi Pfumvumutsimba shanje inokugadzira.
Ungazonzwika mhere kwetsu warumwa nechekuchera.
Mudzimai weumwe ndimai!
Ityaiwo vevamwe venyu vatyiwewo!
Pfumvumutsimba iriko

ONAIWO

Tinodziuchiriraka mharekadzi nemharerume,
Dzakapfeka huso hwemabhinya
Dzakaita mhondoro dzekuvhima mhandu
Dzakamera esimbi meno kuvavengi
Dziine moyochena wekuunza rusununguko
Dzakaita vanamutambanegazi kuitira iwe neni
Kwadzakaita kagonaka, kugonera iwewe neni?

Kurwira hobvu dzvuku kana dema,
Kurwira kubva kujecha kana shapa.
Kurwira rusununguko.
Kuvamba chimurenga pazvimurenga,
Chekutanga chimurenga, chepiri chimurenga.
Kwadzakaita kugonaka?
Kugonera iwewe neni?

Todziisiraka maoko mharekadzi nemharerume
Dzakarova dandi, nziyo, sirogani nemapungwe
Kukwashamura chetatu chimurenga.
Dzakashonga cheshumbakadzi chivindi
Kuhwaturira ivhu naku naku mubvakure.
Vavariro kuwana chevhu chitaka chenyika.
Kwadzakaita kugonaka, kugonera iwewe neni?

Kwako iwe kuitawo here nhayi?
Kuda mutorwa paivhu?
Kuda matarakita ake?
Zvaanotengwa wani?
Kuti kuda ruzivo?
Kuti vemuno havana?
Minda ingadzoserwa mhandu?
Ingasunungurike nyore yeropa Zimbabwe?
Kwako kuita hakusiba kuita,
Onaiwo varume iyi hosha itiburwe.
Tikasadaro tinoraruka raendezve iri ivhu.

Iri ivhu renyika?
Ngarikosheswe, ngarichengetedzwe!

MHONDI

Mhondi!
Vanamadamburamweya,
Yevapenyu vanhu vanodzimura,
Vamonyi veyevanhu mitsipa,
Yevanhu yavanoita seyehuku,
Kudzipa, kutema, kumonya,
Kudyadyadura mumwe kana gumi.
Ndidzoka mhondi? Mutirongo dzizere?

Kutorerwa kwesvava hupenyu,
Kuchera adzo makuva mako muura,
Makuva edzisakaona zuva idzi pwere,
Pwere dzaizova vatungamiri vaiyo nyika,
Pwere dzaizova vachengeti veino nyika.
Kusiya nyika dzisina kuona nyika pwere.
Kusiyiswa nyika nanyakudzisika panyika?
Neihwo humhondi hwavo vemarokwe ava.

Muzita rekwakanzi nevachena kuronga mhuri.
Naidzo *Loop*, Dhepo, Jadhero neMapiritsi ekusvada.
Vadiki voti tsakata vasina kuti bufu kana koso.
Vadiki vaita murakatira nenyika vasina kuiona.
Saka mhondi ndedzipiko? Dziri mumajeri here?
Ko ava? Vapondi vepwere? Havasi here mhondi?
Mutongi mukuru kumatenga ariko.

Tichaona kuchawira tsvimbo nedohwe yasvika nguva.
Zvaakati, "Regai vadiki vauye kwandiri."
Ndiko here kuvaendesa kwaari?
Kwekuvapondera muura?

TIBATSIREIWO MAMBO!

Samatenga!
Musikavanhu!
Mutangakugara!
Mupi wehwese hupenyu,
Taringa kwamuri samasimba,
Mwene wechitubu,
Chitubu chetsiye nyoro.
Tachema kune vemutemo zvakona,
Kuvatana zvakona,
Kuvadzimu zvakonazve.
Tariro yasariremi.
Pwere nhasi dzove pwere,
Pwere dzemagondorarume,
Dzapera kuita marombe,
Dzapera kuita mapenzi,
Dzaperera muzvizarira nekuda kweruoko,
Dzapera kuita mhondi,
Dzapera kubata chibaro.
Pwere nhasi kushaya kana nekatsi,
Kushaya kana nehanda zvayo,

Chadzava nadzo twunorira twemunzeve,
Maburukwa ekurembedza.
Mviro mviro kusungwa uropi,
Kusungwa uropi nezvinodhaka.
Magemba, mbanje, mutoriro,
Twumbwa, dombo nezvimwewo.
Zvinodhakazvo makare,
Makare zvaiva nemwero.
Misha vanasamisha yaimisa,
Zvitoro zvichivakwa,
Pfuma kumadzitezvara ichibviswa,
Vana pamisha gumi nekuraudzira,
Zvipfuyo mombe, mbudzi fararira.
Asika vaibatwawo uropi nezvinokora?
Asika vaimedza hwemasese?
Vaikwekweta chikwepa kana bute?
Chimonera kana dzevangerengere?
Asi ndimi here makaunza magarauropi?
Ekarewo kana anhasi?
Ko? Chapinda mupwere Ishe?
Haasi nyakunyengedza mhandara Eva?
Tega kwaari taita vatete, vatana vanamushayasimba,
Chipindirai Ishe pwere dziitewo rakajeka,
Radzo ramangwana rivake yedu nyika.
Dzapera pwere redu ramangwana raperawo?
Batsiraiwo wedenga! Tachema tateterera!
Tiyamureiwo! Tibatsireiwo mambo!

Kwamuri takumbirawo, "Tibatsireiwo mambo!"

MURERE NEMAZWI

Nyika vanhu, vanhu ndimi amai?
Vendebvu nevemarokwe,
Majaya nemhandara, harahwa nechembere,
Vapenyu nevari kunyikadzimu

Ndimika murere nemazwi!
Enyu mazwi tsuri chaidzo,
Enyu mazwi tsono chaidzo,
Huchi hunotapira,
Kutapira hawo asi mazwi ane mutinhimira,
Mutinhimira wekuvhundutsa.
Kuvhundutsa kun'enga kwekun'enga.
Kun'enga kwemisimboti inomisa hwevatema hupenyu.

Murere here munyerere nemazwi?
Nhunha mudundundu, muropa nemuuropi,
Rairo, dzidziso yambiro zvine pundutso,
Kwenyu kutaura igidi, gidi rinopfuura gidi,
Gidi rehondo yemagarikwa munyika,
Magarikwa kudimura miswe yenyatwa,
Nyatwa dzepfumvu yeveundingoveni,

Madzudzu evemufumu wehupandupandu
Pfumvu yevapanduki, vanopandukira baba,
Vasina njere vana vanobatana nemhandu,
Mhandu maodza tsika, tsika dzehwakanaka hugaro.
Mhandu dzekudya zvevapfupi nehwadzo hurefu.
Mhandu dzevene venungo, vagariri vemaoko neuropi.
Kudura iwaya mazwi kuiumbaka iyi yechipikirwa.
Iwaya aya mazwi, tauraika amai!
Munyerere zvenyu pamuripo, **TAURAI AMAI!**

KUTSVAGA

"Two vasara!
Two vari kumhanya!
One asara!
One ari kumhanya!
One asina *laguage,*
Man'a kana makuhwa!
Nemapomb*i*!
Yazara isina *zvitombo.*
Siya madhora matatu, mana kana mashanu
Mudhara *bhoo* here wasiya dhora"
Ndiko kuita kwavo vakomana.
Mabhazi, makombi kana mishikashika.
Kutsvaga mapepa enyika.

"Tine yematumbu,
Yemaguru,
Yehuku,
Yehove,
Yembudzi,
Yemombe.
Gochi gochi, *stew* kana yakafuwaiwa.
Sadza reupfu, zviyo kana mhunga,
Mupunga une dovi kana usina"
Pamusika, mudhorobha, kana murukesheni.
Ndiko kuita kwavo.

Kutsvaga mapepa enyika.

"Mazepi, maputi, zviwiti!'
Muzvikoro vanodaro kuitsvaga.
"Madomasi! Mavhegi! Mazai!"
Pamisika ndiko kwavo kuitsvaga
"Muri kuda chii nhasi mukoma,
Muri kutvaga zvakaita sei?
Ma*Shirt*, ma*Trouse, maskirts manyama*!
Zvevana, vakomana, varume nevakadzi zviripo!"
 Kutaura kwavo pakutsvaga muma*flea market*
Ravira homwe dzinosimbiswa neiko kutsvaga.

Uku kukwasha kusina ropa kana mhaka!
Kunganyandzisa nyakutsvaga here?
Kutora usina kupihwa kunganzi kutsvaga?
Kudeura ropa kungava here kutsvaga?
Kuromba kunganzi here kutsvaga?
Kutsvaga mari ngakusiye maoko akachena
Kwakadaro ndiko kweweZimbabwe, **KUTSVAGA**

MUTI WEMUCHERO

Muti wemuchero umwe,
Mugwavha, mumango kana mutohwe,
Michero irimo ndeimwe
Maruva anoita nguva imwe
Michero inokurirana
Kuibva kwemichero
Haiibvi nguva imwe chete

Pasi nyika ndiyo zendereka
Nyika nenyika dzerino pasi
Kugadzirwa kwerino pasi kumwe
Kuita kwepfuma kungava kumwe?
Kufananidza nguwo nedzatarubva regai

Vanatwowo

Avo mashoko,
"Variko vanatwo,
Vene vamagapu ezvivhindi,
Vene vetsiye nyoro yemigwaku,
 Ndoo uyu ndoo pane uyowo ndomagariro.
Vakarapwa nhova nebhondo raBhoki kana *Danger*.
Vene vegazi rinodziya sevarwere vegwirikiti.
Vezviuno zvisingazezi pakuvata.
HwaBhoki na*Danger* hwakadzika mudzi mavari.
Vemanzwi anoridza mimhanzi yakanyorovera.
Vanorovera mimhanzi kuchengeta nherera,
Dzavo nedzisi dzavo havanei nazvo.
Marombe, venhehwechena nevemichova vanoriritira.
Uvangwarire,
Vanokusiya pamawere."

Dzangu njere,
"Vanatwo twavo ndetwavo,
Twavo kwandiri hatwunei.
Ndiri tsuro magen'a,
Dengu rakavhumbamira rairo,
Rairo dzemagwaro matsvene aZame.
Rangu ropa rakadzikamiswaka.
Vangandiitei, vanatwowo"

Nhasi zvangu!
Kuvhumbamirwa sekacheche nekacheche,
Kukaroberekwa sesvava nesvava,
Ko? Kuzenge ndoraramiswa hupenyu hwerushiya nerushiye?
Ko? Zvapasina erudo apotserwa?
Ko? Zvaari mutorwa mubvakure?
Zvatangowanirana pano?
Sandiye here anatwo?
Zvatwuine simba twavainatwo?
"Vanatwowo"

Aaaaa! Babaaa imi!
Muromo wevakuru hauwiri pasi.
Mashoko evakuru marayanwa ngaachengetwe.
Kwavakabva ndokure.
Avo meso akaona zvizhinji.
Ngwarira vanatwowo mwachewe!
Variko vanatwowo, variko!
Vanatwo ngavangwarirwe!

TWUTSAONA

Diziri
Peturu
Parafini

Hupfu
Mafuta
Suga
Munyu
Flour

Hwahwa
Fodya
Chimonera

2008!
Twumhimho twazvo.
Churu chemadhora hachaitenga.
Chiuru chechuura hachaitengazve.
Kuzviwana,
Kwaive kubata bhirioni,
Kubata tiririoni.
Kubata kwadhiririoni.
MuZimbabwe.
2008.

Usadzoka hako, *2008*
Gara waioneka iyi nyika

DZICHATONGWA RINHI?

Panyika pane mutemo?
Mutemo unotsigisa hugaro hwevanhu?
Unganzi sei mutemo?
Mutemo usina jechetere?

Aba, nemutemo anosungwa?
Ko? mbabva, nemutemo dzakasungwa here?

Vanobata chibharo, nemutemo vanosungwa?
Vakachibata nemutemo vakasungwa here?

Vehuori, nemutemo vanosungwa? `
Vehuori, nemutemo vari kusungwa here?

 Mhondi, nemutemo dzinosungwa?
Vaurayi, nemutemo vanosungwa here?
Vakasungirira munhukadzi,
Mbuya venyika Nehanda vakasungwa?
Vakauraya sekuru venyika, Kaguvi vakatongwa?

Idzi mhondi dzakasungwa?
Vakapedza vatema,
Kupedza nezvimvuramahwe zvemabara,

Mhondi dzerudzi, nemutemo dzakasungwa?
Havasi here vakauraya mwana waJosefa?
Mutemo zvauripo, nemutemo vakasungwa?

Kana mutemo uchisunga,
Vapari vemhosva vachisungwa?
Dzakaparwa mhosva dzichatongwa?
Dzichatongwa rinhi? Idzi mhosva?
Dzinotongwa here naivo vatongi?
Dzichatongwa rinhiko?

NDOMUCHENO?

Zvigamba,
Mabvarubvaru,
Kubvaruka bvaruka,
Twumbambamba,
Twundogumamuzvidya,
Twurokwemhini,
Twayanika matundundu,
Twuremberembe.
Mucheno here?

Kuchena here?
Kuita sehanyanisi majaha?
Kumaturikidza mabhuruka munhu mumwe?
Rimwe apa! Rimwe apo! Rimwe apo apo!
Mudurikidzwa wamaburukwa
Kuzadza cheni muhuro senhapwa?
Kuisa zvitambo munzeve?
Kuboora nenzeve?
Kurembedza mofamba semune manyoka?
Kukakanyaira hwehoromba?

Zvine mutsigo zvakaipei?
Kunganzi kusara?
Kunganzi chinyakare?

Zvipfeko zvinofumura hunhu,

Sarudzo ita tsvene.
Huve hutsvene hunhu.

YEKUMWA

Yekumwa inenge mukaka,
Mukaka unoraramisa svava.

Yekumwa inenge huchi,
Huchi hunoraramisa mazana enyuchi

Yekumwa!
Ikava musanganiswa,
Nhope, jecha netsvina,
Ingamedzeka here?

Ko chinonzi chitsvene,
Chikava nezvitsvene nezvikukutu,
Chinoita chitsvene here?

Ada kutorera vakavata mari anochishandisa.
Ada kudhakwa anochishandisa.
Adawo upfeve anoshandisawo.
Anoda imi Ishe anomira nachozvo.

Chave tsukutsa,
Demo inopinda,
Badza inopinda.

Ichochi chinenge chiremwaremwa.
Bido zvaro pacharo.
Adawo nezvacho ndizvozvo!

KO AVA?

Mbavha!
Ndivo veruoko vaye?
Vaye vanoti nyamu,
Nyamu tande nawo mugwagwa?
Sare bundu mumoyo dzi,
Chabvutwa chinokosha.

Mhondi!
Ndivo here vehutsinye?
Madzuramoyo?
Vanouti kwachu kwachu,
Kwachu mweya, munhu sare ati tonho?
Misodzi sare mokoto mokoto,
Vasiya risingavhariki vende.

Makorokoza!
Ndivo here vanacherucheru,
Vecheri vemakoronga kukwasha chuma.
Vanosiya gomba paisava negomba.
Sare vekurima yadukupika.

Pfambi!
Ndivo here veusiku,
Vasingasarudzi pekuvata,
Vanokwasha makwatara nemuviri.
Zvirwere vachitapudzira.

Denda risina murapi vaparadzira?

Ko ava?
Vanadzipamugwagwatidyerifa?
Vasingaisvitse mari,
Mari yavabira vanhu kuhurumende,
Vachizviti ihurumende?
Havasi mbavha nhayi?
Makwati enyika vachitutira muhombo?

Ko ava?
Yevanhu pfuma,
Zuva nezuva kuisa muhombodo,
Kunotesa ravo dzinza.
Vapihwi vepfuma yevarombo vachidya
Varombo dzezvironda nhoko vachimedzerera.
Ko? mudunhu zvamusina chipatara, chikoro kana dhibha
Yazvo zvese dzavo dzakazvimbiriswa nayo.
Havasi here mhondi ava?

Ko ava?
Vanamukwashamadhora,
Vanoregera nyakuparamhaka,
Wemhaka hobvu nekuda pondo.
Havako here kumatare?
Havasi here makorokoza?

Ko ava?
Maitiro avo isukukuviri,
Uku ndeveko uku ndeveko,
Mazizi mudanga rehuku.
Havasi here pfambi?

Ko zvamakapihwa basa wani?
Rakapera here rekukwasha vehuori?
Ko zvarinenge rakamutsa rehuori?
Ko kuzobata patete kusiya pakobvu?
Basa sebasa wedehwe dema!
"Batai munhu! Munhu mukati!"

MAUTO

Ndoaya here?
Anopakatira?
AK47, Pistol kana *Rifle*?
Vanofamba nezvikopokopo?
Vachengeti venyika neunga hwegidi?
Vapfeki vemweya weshumbakadzi,
Mvumba mukurwira yavo nyika,
Ndiwo here mauto?

Ko nzara?
Haisi here uto?
Pane angapunyuka here?
Hondo yasvika yeuto nzara?
Kukunda iri uto hudikitira.
Kuwana chekukanda muura.

Ko hurwere?
Makukutu ayo mari azere,
YeZimbabwe, *America* kana *Russia*,
Yakati tekeshe mumbamo.
Zvekudya zvingori fararira.
Rashanya iri uto angaramba ndiyani?
Vanachiremba nyanzvi varipo,
Rati naye naye wemaviri nejere waZame,
Hwakuendwe here kunyikadzimu?
Ashanya uyu waZame muuto?

Ko huchembere?
Murombo kana mupfumi?
Mutongi kana mutongwi?
Mudyiwa kana mudyi?
Werushambwa kana wemhanza?
Angamira naro angawanika?

Ko rufu,
Mutongi kana mutongwi?
Vanaku kana vezvivi?
Vehuori kana vasori?
 Imvura inonayira weseka?
Angarikunda angawanike?

Wemasimba mune masimba,
Enyu mauto haana mhikiso,
Ndehwenyu hukuru husina mhikiso
Mauto asina murambi.
Renyu simba tinovonga.
Vanoriramba nesu tinovaramba.

IMBWA IDZI?

Madzisekuru nemadzimbuya,
Madzitete, mafundisi kana maporofita,
Mapfumo pasi vakandiswa nazvo.
Nyikawo yazvikoniwa, mutemo wagomberwa.
Ko madziteteguru mungazvikoniwawo?
Mazvikoniwa Musikavanhu angazvikoniwa?
Ndiye wototarisa.
Vapanyika vakundikana.

Imbwa nehumbwa hwadzo humbwa.
Twuhanda apo tsve apo tsve,
Makuriro, mararamiro ndezvembwanzvere,
Chepaura chehanda kushava kwemuchengeti wadzo.
Humbwa hwembwa nekuti imbwa.
Dzanhasi imbwa,
Meso anoti piriviri neruchiva,
Dzinopfeka nyemwerero yezviuno zvekufumuka.
Pwere apo tsve apo tsve-e,
Madzimai apo tsve apo tsve.
Chagonekwa kutakurisa mimba.
Wevana muchengeti imbwa zvayo.
Nhamo tsvuku yotamba madzisekuru nemadzimbuya
Kuriritiriswa embwarume mapudzi vasisina nesimba.
Hunganzi hurume kana humbwa?
Kudyara mbeu isingasakurirwe nekudiridzirwa?
Asi kukohwa uchida? Hunhu here kana humbwa?

Batsiraiwo wedenga! Uhwu humbwa varume vapfire!

HURIMI

Kudyara mbesa,
Kumirira yemusiki,
Kudiridzira nekukohwa.
Kuzadza matura.
Badza mombe kana gejo.
Kukandira pasi mbesa.
Ndihwoka hurimi,
Kudyara nekukohwa,
Ndikoka kurima.

Kudzidza zvakune goho?
Hakusi here kurima.
Mwana wamai uri kudyarei?
Uchakohweiwo ramangwana?

Kushanda.
Bhizimusi,
Rako kana rekushandira.
Hakusi here kurima?
Neuku kurima uchakohwei?
Bundo kana zvirimwa?

Kuroora kana kuroorwa,
Hazvina here razvo gohwo?
Hakusi here kurima?
Ko dzinza zvarinokura,
Nekuroora nekuroorwa?
Kunganzi hakusi kurima?

Ko kutonga?
Kweshungu dzekutonga?
Kusina kana negohwo?
Kune guhwa nehutengesi?
Kupandukira nekupandukisa?
Kuponda, kupondanisa nekupondesera?
Zvachingori chiroto chechembere?
Kurima here? Kune goho?

Kukohwa kungakohweka mukurota?
Kurima pari kurima vamwe?
Kukohwa panokohwa vamwe?
Zvingaipa?
Rima zvinokohweka ndihwo hurimi.

ZVIMWE ZVINHU

Back out,
One arm,
No arm,
Stomach out,
Twuketi twutiki.
Nyatso kuyanika,
Zvidya kuyanika,
Mapendekete kusasika,
Musana kusasika.
Mutsvuku kana mushava,
Mukobvu nemutete,
Murefu nemupfupi,
Kuzvitengesa here kuzviyanika?

Zvimucheka munhivi dzemakumbo,
Hunzi zvigadzire hipisi.
Zvimwezve shure.
Chogadzirwako ndezvemwene.
Kutoburitsa mapepa enyika
Kutenga izvi zvichira.
Zvinopei?

Ko uso?
Piriviri maoko ndoo.
Kuda huchena?
Kuda hutsvuku?

Kushora hutema?
Zvarakanaka wani dema ganda?

Vanakadziwe!
Kushora musiki here kana kuzvishora?
Kutuka musiki here kana kuzvituka?
Zvideiwo sekudiwa kwamakaita naZame.
Muri verunako wani? Vanakadzi!

ZVEZVITOYI

Zvitoyi!
Taiziva zvevana,
Mota, mudhudhudhu kana bhazi.
Chendenge kana chikepe.
Kutamba kwepwere kuvaraidza nguva.
Kutamba nenharaundaka kwepwere.
Kudzivhura njereka pwere nezvitoyi?

Ko ichi chitoyi?
Chinoda wemagetsi moto,
Chozunguzika newemagetsi?
 Zvekubairira pagetsi.

Chitoyi hwai chiumbamurume?
Chivaraidzo? Vavaraidzi varipo?
Unoshayeiko nhasi mwanakadzi?
Chinokupinda chiiko kutora chitoyicho?
Kuroorwa paguru haisi here yedu tsika?
Hazvingava nani here pane zveizvi zvitoyizvo?

Musi wauchakwachurwa negetsi unosvinuka,
Uchaziva chitoyicho haasi murumeba,
Murume munhu kwete toyi! Zvezvitoyi tsvetai!
Wakagona weZimbabwe mutemo,
Kurambisisa izvi zvitoyi!
Tinoti newe pamberi!

Veizvi zvitoyi navo kuIshe Nyamaropa.

GUNDUWO

Nhasi
Hero!
Pazai,
Mha,
Piku,
Hutu,
Tande nedenga.
Fuku fuku, kotsei zai.
Kutora chisi charo sehwebveni hwemumunda.
Kutanhaura parisina kusakura kana kudzika mbesa.
Bveni rikange nani rinotozogutsa dumbu.
Gunguwo mangwana pano fuku,
Pano fukuzve kutsvage zai.
Chabudapo bhiza rakaora zvaro.
Angatoriwana murimi kwete gunguwo.
Chabata ihanganwa, njere dzakapesana.
Ndiwo aro maitiro gunguwo.

Gunguwo zvawadzika midzi mumajaya?
Dzevanhu mhandara piku, hetu, tande.
Chakandwa kumadzitezvara chingawanika?
Tsvakiraikuno kana bwanyaruzhowa zvayo,

Rutsambo kana matekenyandebvu hurotoroto.
Kutora mhandarakadzi sekatsi isina shereni rinobviswa,
Pedzezvo kuita mhandara yevanhu nhandare yetsiva?
Hufumu hwemufumu, majaya siyai!

Kubvarukiswa

Uku kubvarukiswa,
Zvakwaive kweshure,
Kwakapfupikira zvine mwero.
Zvaiva nemutsigo,
Mutsigo nechiremera.
Nhasi kwoita sehwohwa,
Pese pese kwowanika.
Zvinganakidza here?

Kubvarukiswa uku!
Nhasi hakuchina sarudzo,
Shure kunobvarukiswa,
Mberi kubvarukiswa,
Mativizve kubvurukiswa.
Kaviri kaviri,
Katatu katatu, kana kana,
Kashanu, kashanu.
Kwangova kubvarukiswa-bvarukiswa.

Kubvarukiswa,
Zvokwonge kushama?
Nyama dzaifukwa neshashiko dzoyanikwa,
Kuyanikwa semazamu embwa nzvere,
Dzoenda pachena sedzinotengeswa nyama.
Naikoko kubvarukiswa.

Itai muchionawo veduwe,
Vanakadzi wonaiwe,
Hazvinakidze kuona zvidya pachena,
Hazvifadzi kuona kano nekano kakayanikwa,
Toringepiko zvomofamba makashama?
Ngwarirai iyoyi vhendi,
Chimiro ingatanhaura.
Pfekai vanakadzi!
Kuzviyanika chenjerai.

Dai usipo hako

Dengu riye zvino zvarati maku,
Zvarati shaku nezvakati nhoo?
Kuvimbika zvokukova semazhanje?
Ko zvokuvigwa samambo muninga?
Ndiwe here nhayi wadaro?

Zvakanaka tinogamuchira,
Zvakaipa zvinoraswa.
Zvinenge tsukutsa tozvidii?
Kuzviti ba zvinenge zvinaku,
Kuzviti shandu zvoipazve

Akakuisapo aifungei?
Mutorododo wayo nhaurwa unoenda,
Zvakurukurwa zvinorova.
Zvezvikomba kana pfambi,
Zvetwukomana kana twusikana,
Zvehukopokopa kana zveuhori.
Zvose inova nhoroondo,
Wasvika hakoka.
Hako iwe usina zvikukutu.

Iweka wakaoma.
Bhatani rekupfuudza wakabvepiko "D*elete*!"
Tachema newe,

Zvimwe rambawo,
Rambawo kuita "*delete*."

Munobatwa nei?

Chanhasi chisionekwe!
Baba ndevamwe,
Amai ndevamwe,
Rudzi nderimwe,
Vanhu gonzo nekatsi.

Verimwe ropa kurimirana miganhu,
Vematongo kudzvokorerana meso,
Vatevedzani kunyikana mapanga,
Hanzvadzi nehanzvadzi kudzingana paupfu,
Kupandukirana murumwe rudzi,
MuAfrica kudzinga muAfrica munyika yeAfrica,
Kupesana here kana kupesaneswa?
Ruvengo here kana kuvenganiswa?
Kwakaipei kubatana sebango?
Kwakaipei kubatana semajuru?
Kwakaipei kubatana samagandanga?
Zvatiri veropa rimwe maAfrica!

Kubatana ndirwo rudo!
Mhandu mupambipfumi!
Waamai ndewekuisa panodziya,

Mangwana anokuchengeta wani.

Zvinoda renyu

Ravo igobvu,
Rizere hukasha,
Hukari,
Kutuka,
Kubaya,
Kudeura gazi,
Kupupa furo,
Nadzo hasha.
Ndiko kutaura kwevendebvu.

Renyu idete,
Dete rizere tsitsi,
Rudo,
Kuregerera,
Kunyevenyutsa moyo,
Kunyaradza,
Kudzoreredza,
Kubatanidza,
Kuumba munhu.
Ndiko kutaura kwenyu vemarokwe.

Zvinoda renyu.
Renyu rehumwe.
Renyika izwi.
Nyika ndimika amai.
Meso musina muchiona.
Muromo musina muchitaura.
Kweruzhinji kutaura ndekwenyu kutaura.
Ndikoka kwenyu kutaura amai.
Makobvu nematete mashoko pupurai.
Dudzai vadudzirwi dudziro dzidudzirike.
Ndiwoka enyu mune avo ehumwe. Taurai Amai!

Zvanyanyawo kani!

Kuti zii kwavo,
Kusona muromo kwavo.
Hakusi kuvata nezamu mukanwa.
Hakusi kunzi uri chazezesa mutunhu une mago.

Ungati meso havana?
Kwavo kungava kukotsira?
Pazvichati dhugu uchasara wati kanha!
Muchizarira newe uchazarirwa.

Yawakanzi ndo-o yevanhu, wakaitei?
Zvevanhu tsve, zvako nanga nanga.
Kudutira mukanwa, muromo wopukuta?
Ndihwo hutungamiri nhayi?
Ruzhinji harwuchina mesoka urwu?
Tsuro magen'a ndiweka?

Mubasa unoti hazvizivikanwi?
Vharamuro dzakadyiwa newe ingani?
Vevanhu vakadzi vavakaziva vanganiko?
Kupakurirwa mikoko yevamwe basa chokwadi?
Ndiwe wenjere zhinjizve, magen'a?
Vamwe makudo?

Ko hwenyika nahwo unoiteiko?

Yako migodhi yakatsvuka mingani?
Yako ine gobvu rega ivhu minganiko?
Ako makambani anowana rehurumende manganiko?
Zvaunozvizadzira mazakwatira wakaiteiko?
Kuvaka mizvambarara vamwe vachivata mumwena sembeva?
Kufambira muchadenga seshiri vamwe vachishaya patapata?
Ko nyika zvaichawonekwa newese wakaiteiko?

Chawakaita!
Wakaiteiko? Kuitira ani? Zvichipeiko?
Ngwarira! Kuparadza nyika, chenjeraiwoka.

Ndiyamureiwo mambo!

Kutukirirwa!
Sepwere mberi kwepwere,
Pwere ropa rangu naye.

Kushorwa!
Serombe pamukova,
Mukova wedu tese.

Kunyombwa!
Kunyomberwa dzinza,
Baba namai vangu vanova vakewo.

Kufuratirwa!
Semusemesi paruvato,
Dzinotsika nerutsambo zvakaendako.

Kuzhindikitwa!
Hwembavha yabatwa paMbare,
Naiye wandakabvisa munhanga.

Kudzikisirwa!
Kutsikwa tsikwa sechikorobho,
Kutadza nekuti bufu semuranda.

Yamuraiwo vanasaimba,

Kwevemutemo zvagomba,
Kutosekwa saivo mupari wavo.
Hunzi ungava here murume?
Kushaiswa mufaro newemarokwe?
Asika ndiyo iripo nhamo, zvonzii?
Madzitetewo hunzi rudzi rwacho,
Chihera, Shoko, Manjenjenje ndiwo maitiro.
Kwasaremika madzishe madzimambo.
Tiyamureiwo mambo nehwenyu hutongi.
Zvibhakera mudzimba zvigaroti hwaa.

Maitiro enyu

Maitiro enyu amai anokachidza,
Kuita kwenyu kunganzi ndiko?
Kukereke mufundusi ndishe,
Kumba baba vevana chikorobho.
Ndiko here kwanhasi madzimai?
Madzimai eruwadzano muruwadzano,
Ndizvo here zvinomisa dzenyu hurukuro?

Kukereko!
Vevamwe varume munogwadama,
Mufundisi munoombera nekutivira,
Kuzvirereka semukwasha pavatezvara,
Renyu guhu rehunhu ratekeshera,
Asingazive ndiyani zvamuri weruwadzano.

Kumba!
Kukanyaira kuzvikudza hwegarikuni,
Kufinyamisa meso maona murume,
Anonhuwa sechidembo here murume?
Kudana nezita remadunhurirwa mberi pevana,
Ndiko here kuremekedza baba vevana?
Chepaura chababa vemusha chinokandwa,
Kupotsera nerukumbo secheimbwa?
Chepaura kuna mufundisi kukereke,
Chinogwadamirwa sechamambo?

Maitiro enyu,
Anondikanya ini,
Maitiro enyu, ndagumbuka.
Hunhu makatengesera kereke.
Sare kumba hwakuva semazhanje.
Dzenyu pwere munoraireiko?
Zvadzinodzidza mukuona,
Dzichavei mangwana?
Dzadzidza hwamai hurombe.
Kuva amai kuve nehunhu madzimai!

Tinongoreva

Ndezvemuromo sekuzvimbirwa nemasese.
Zvingoriwo hazvo zviroto zvechembere.
Mufaro mumba wakadzama semadora.
Ho ho ho semitiro zvapfunya chisero pamana.
Huranda ndicho chava chidyo siku nesikati.

Tete hwacho hupenyu hwonge kupika jeri.
Nhamo tsvuku inoridza muridzo ndaiona.
Ndanzwa sembwa ine gwembe nenhamo.
Kukanzi kusuka sebhachura ndinozvionera,
Kugadzira chepaura sendakawana ndini,
Naidzo dzangu mbatya musuki anongova inizve.
Kutaura maviri mashoko ndinowana magwaju.
Paruvato tete ngoma ndiyo ndiyo zhizha kana chirimo.

Mufaro wakuva semazhanje tete.
Ndiyo yandinayo nhamo newenyu muzukuru.
Chipangamazano ndimi vatete,
Misaiwo musha wevenyu vazukuru,
Zvimwe mufaro ungawana mashanyiro.

Kuitawo here?

Ndiko here kuita nhai vanhu?
Tinganzi here tiri vanhu?
Vanhu hunhu pavanhu pasina.

Kushevedzera uri pachisuvi!
"Itsvuura muromo,
Haabvaruri machira,
Anotsenga mvura,
Mvura ichibuda masvisvina,
Ane ruoko,
Ndeweruoko rwurefu,
Akaregedzera chiuno,
Maoko ndewekugarira,
Mukuguchiri weropa,
Mudya zvevapfupi nekureba,
Ndiye wehwanetsa huori,
Ndiye mutengesi,
Mutengesi wepfuma,
Pfuma yenhaka,
Saka muvengi, ngaapondwe!"

Kugamhira mudenga kwevaseuri vegotsi,
"Ndizvozvo imharadzi, muroyi uye anodada,
Anoba, imvumba pakurwa uye ipfambi.
Ane nungo, akaponda uye mupambipfumi,

Ane huori, mhandu yese yevanhu ndiyeyu"

Kukusha mashoko!
Kuvatorwa nemhandu!
Kupinza here vamwe nhamo yebonde.
Kuita here vamwe dimba ramationa?

Chawanzwapo pamasaisai egurumwandira,
Facebook, X, Instagram kana Whatsapp.
Serewo, pepeta, penengura nekuongorora.
Haasi ese mashoko padandiranyika echokwadi.
Usati wakushawo kuvamwe, **CHOKWADI TSVAGA**,
Ungaitwa murevi weanoparadza, **MANYEPO!**

Svadu

Kutsenga mvura,
Ndowenyuka mugariro.
Kupura nyemba nemusana,
Hupenyu makapihwa naZame.
Nechido chewenyu murume.
Ko kuzoregedzera chiuno,
Rimwe mumba,
Mamwe panze zvadiiko?

Zvamuri svadu,
Kuringemi kunoyevedza.
Chiringa sechemhembwe chinobata
Anokuringai wendebvu anopamerera.
Ako meno chiyevedzo,
Samatenga akasika achada.
Kuti ngwee sewechirimo.
Twukomba mune ako matama,
Matama akanoita sedenderedzwa redamba.
Chimiro chako,
Kuita sewakadonha kudenga.
Ndiwe wega panyika.
Kubva waita seigo kudaro chokwadi.
Runako rwako rwunodana vashanyi,
Kuita mafashamu ekuMosi a Tonya here?

Mai mwana?
Tingati here vaiva nemuti mukanwa?
"Nhenha isibi inoroya."
Vainge vaona iwe?
Kuita guru revendebvu?
Kuitwa mota yemushikashika.
Kuitwa wada watasva bhiza rapakamba?
Kuitwa nzira yekuchimbudzi?
Kuda mari here?
Ko zvaunoiwana nemumvuri?
Dzorai moyo mai vemusha.
Muto wetsenza zvaungori umwe?
Chaunomhura pane wako chiiko?
Gumbo mumba pfirawozve mai vemusha!

Maitiroiko?

Chinoziva ivhu.
Chiri mumoyo chiri muninga.
Vanasorojena vakareva.
Kwavo kureva kwava pachena,
Pachena kupfuura yembudzi mhanza.

Vanakadzi mapindwa neiko?
Kushaya ganda kumeso chii?
Kusiya here vendebvu vati rukutu.
Soko kuchengetesa kwaMhofu,
KwaMusiyanwa kuchengetesa Nzou,
KwaNzou mochengetesa Shumba,
KwaShumba mochengetesa Mbeva?

Chiiko nhasi?
Chakupindai?
Kukupai mufumuwo?
Zvino chinoshura chisingeri.
Zviri muninga zvovhundunyurwa.
Tinashe! Anashe wetsiye nyoro.
Chowororo ongororo ye*DNA* pfacha,
"Baba muChiShona tiri kuti hamhuna chenyu chiri mumwana.
Mwana haasi wenyu."
Pamberi newe!
Nhubu kudziyanika ndiwo mushonga.

Mushongedzi.

Mudzimba!
Yepamusoro midziyo,
Zvigaro, pauvato, mapako enhumbi,
Yese midziyo ndiwe.

Midhuri minaku!
Yemuturikidzwa yacho.
Nhoramoyo dzoga.
Hadzingamire.
Usipo mushongedzi.

Mumigwagwa,
Mudzimba dzekuvapfumi
Unenge wakati hako zete.
Shiri mimhanzi dzichikusha.
Inofefetera uchikusha.
Rwako rwunako rwuchioneka.

Dziripozve mhandara,
Dzisina neumwe akagumha,
Dzawakati tekeshe
Hadzina umwe akabata.
Ine mumvuri inopinda.
Newe mushongedzi.

Ko? Anokukwachura ndiyani?
Asina nenjere?
Pamabvisa umwe simai umwe.
Asipo mushongedzi,
Zvingashongedzeka here?
Miti koshesaiwo.
Ndiyoka panyika, Mushongadzi!

Mupahupenyu!

Usipo chipenyu,
Chipenyu hachina nehupenyu.
Munhu, shiri, mhuka netwupuka,
Ndiwe wehupenyu musimboti.

Dziriko dzenjere zhinji,
Mhare dzepanyika.
Nehumhare hwadzo.
Iwe dzakakukoniwa.
Kuwanikwa kwako kupihwa neumwe.
Umwe apihwa anopihwa zvingwa nebhanzi.
Mupihwi oripiswa makunun'unu,
Makunun'unu ayo ine mumvuri.

Mupahupenyu ndiwe
Kana dziripo shasha.
Nehwadzo hushasha.
Ngadzikugadzire Mupahupenyu, ropa.

Ndimika shasha!

Seshiri,
Nemudenga munobhururuka.
Sehove,
Nemumvura munofamba.
Kana mudengadenga medenga,
Yenyu mireza makadzika.

Ndimika shasha!
Shasha dzetsvakurudzo.
Dzese nzvimbo makaona,
Yatigire mukati *"Earth"*
Dzimwe mukatika
*"*Mercus, *Mars, Jupiter`,
 Pluto, Venus, Saturn."*
Dzese nzvimbo makaona.
"Uranus, Neptune" mukanan'anidza.

Ndimika shasha!
Varuki vezvombo,
Heroshimu, *nucler*, zvimbambaira,
Pfuti dzine mitupo,
Ndege dzehondo,
Ngarava nehambautare zvehondo.

Ko, nemafashamu zvomopera?

Ko, nedutumupengo zvamaita murakatira?
Nematenda zvomaoneka nyika?
Dzenyu zvadzakapinza?
Misaika aya madzudzo!
Rufu kwenyu motika, "Hoo! Makasa"
Madaro tingatika; "Ndimika shasha!"

Vakaparei?

Vasimudzi vemureza,
Mureza wenyika yemabwe,
Vanzwi vekunyikadzimu,
Vasunganidzi vevapenyu nevashakabvu,
Vasimudzi vemorari wechimurenga,
Vatungamiri wacho chimurenga,
Vasununguri venyika nehondo,
Varwi vayo huru hondo.
Nehanda naKaguvi,
Vakarapararama here?
Yavakapara mhosva yaive yeiko?
Zvavakaoneka nyika, avo makuva aripi?
Kwavo kuoneka nyika, kwaive here kwaZame?

Musimudziri wehupenyu hwavatema,
Musimudziri wedzidzo,
Musimudziri wezveutano,
Mutambirisamarovha,
Mutambirisavanyakubereka,
Muunzachaedza mune yake nyika,
Mudzikisi wemitengo wemafuta emichovha,
Mwana weino yeAfrica nyika yevatema.
Gadafi! Akararama?
Rwake rufu, rwaiva rwaMwari?
Yaakanga apara mhaka yaiva yeiko?

Mambo wemadzimambo,
Ishe wamadzishe,
Nyakutonga denga neyese nyika,
Mutongi wevatongi,
Mugadzwahushe husina magumo,
Nyakufambisa zvirema, nyakuonesa mapofu,
Nyakupa nzeve kumatsi, nyakuporesa varwere.
Nyakufamba pamusoro pemvura.
Mesiya! Panyika akararama?
Ari rusva, vangani vakasiya nyika vacheche vasina nemhaka?
Zvaakaroverwa pamuchinjiko, yake mhaka yaive yeiko?

Mhembwe zvainozvara mwana ane kazhumwi,
Haako here marudzi evapari veidzi mhaka,
Mhaka dzisina neumwe chete akatonga.
Yane here moyochena vemarudzi emikukutu moyo?
Haavachasiyise here nyika vazhinji vasina nemhaka?
Chanezuro chingakanganwika here nehope?
Mucheche wemhakure inyoka, yayo chembere inyokazve!
Ngwarira weganda dema! Nyoka inyoka! Huru diki inouraya!

Dutavanhu

Huru panyika
Rinopinda wese panyika.
Ndiyo mhandara imwe chete
Mhandara isina anoiramba panyika.
Inopinda musvitsa neasina kuikonza.
Chembere kana harahwa,
Majaya kana mhandara,
Tsvimborume kana tsvingudzi,
Vepanhowo nezvigwindiri,
Vatongwi kana vatongi,
Vagadzi kana vagadzwi.

Makare!
Mutsago vakaruka,
Gudza nenhehwe zvikarukwa.
Vanhasi!
Makuru makuru vakaruka,
Mitepfetepfe fararira,
Kuitira iyi mhandara.

"Kamuchinda!
Kanobvisa Ishe padare!"
Mutongi wevatongi.
Kasina ani nani anopikisa.
Ari pachigaro kanotora,
Mumba kana panze kanotora.

Vazhinji vatyairi vakaoneka nyika,
Vaita nako nharo.

Samasimba wemasimba.
Kukasika makatigonera.
Vacheche kokudza,
Majenandebvu,
Masaimba,
Majaya nemhandara,
Muviri nepfungwa kwozorodza.
Kupinda mudutavanhu.
Dutavanhu risina anoramba, hope.

Vana vavo

Ingamura.
Vanofamba vakagara,
Vanofambira mumhepo seshiri.
Vanofamba mumvura hwehove.
Vanotwugadzira twumidziyo,
Twurunhare,
Twumichovha,
Tutoyitoyi,
Twufambiramunyanza,
Twemagetsi kana twezuva.

Vedu vana.
Kuveza vakaramba
Kupfuura havadi,
Kurima havadi,
Kuwongawo havadi
Kushanda havadi
Dzidzo vanoramba
Kuterera vanoramba.
Dzavo njere itsono,
Chinobudapo marara,
Chavanoda mutoriro neguka,
Tambirani, twumba nefodya.
Chagadzirwawe hapana.
Basa kuisa twemunzeve,
Twutambo rembe rembe.

Hwavo hupenyu,
Tsuro chaidzo,
Takaitwei?
Vakaitwei?
Vanoiteiko?
Vana vavo?
Chatisingaite vedu vana?
Tipepukei, zvimwe zvatinogashira.
Tichasara nemisodzi.

Hero basa weZimbabwe.
Wako ndewangu, wangu ndewako.
Chirwirangwe kugadzira idzi pwere.
Ramangwana inomira nyika.
Hunoumbika hwenyika hupenyu.

Nhamo!

Mazvakudaka,
Mavanga enyora?
Vanhu zvatiri shumba,
Shumba inodya chayabata.
Zvekumirira hwehonye,
Kutubuka pane chaora.
Kuita hwemakora,
Kumirira yafa yoga.
Tingasvikepi?
Inganune here isingapambare?
Kuzvigokera moto wemuziso.
Woitazve hwegunguwo,
Kukanganwa wazvirumisa nechekutsvara.

Kuvata hope!
Kukunda pahope.
Nhanhatu kusvika nhanhatu mutsago wakatsamirwa.

Kudya chikafu,
Kupfukuta kukunda chipfukutu,
Kuruma kupfura nzara kuruma.

Kugara zivha semurwere,
Zivha sehohononwa,
Kugara zvekurwadzira panogarwa,
Kutsikirira twusvosve twusina nemhaka.

Maoko bota zvaro.
Basa kushora baba,
"Dai vanhingi vari vangu baba ndigere
Dai mai varoorwa nangana tagarika."
Kupambara nako uri makara asionani.
Zvakanonuna nekupambara kashiri,
Kanogonuna seiko kachingoti zivha?

Rungadonha kubva kudenga?
Rugare!
Zvarwuri kudikitira.
Kanganune kasingapambare?
Simudza meso mwachewe!
Nhamo inokubatisa maneka!

Kwauchaenda!

Kwauchaenda Tinotenda,
Kuve mucherechedzo wechiedza,
Chiedza chewako mudzi.
Mudzi wakaumbwa nemukaka
Mukaka wechimiro nehunhu.
Pashaya anonongedza utera,
Urema hweyako midzi.
Kutsveyama kwehwako hunhu,
Kunoshoresa yako midzi.
Usatukisa kwawakabva muzukuru, kwauchaenda.

Kwauchaenda!
Iva dura redakuro rerukudzo,
Veko amai vave vakowo,
Reko rese dzinza rive rako.
Zvipete mwanangu,
Masimukatienzane svipira pasi,
Usingamharwi nenhunzi upfirezve.

Kwauchaenda!
Iva mbariro yedzinza,
Veseuri vemakotsi svipa,
Vanyengeri saDhiyabhurosi, tsveta
Rusarura regera,
Sebango uvabatanidze,

Awakawanamo madaka, usapinzwa,
Usapinzwa kana kupinza ako mapudzi.
Uve rwodzi rwunosunganidza svinga,
Svinga revehukama vari muhupatsu.
Wadaro waita mai vemusha, kwauchaenda

Yako ngaisungwe nerudo,
Usaisunga nemapepa enyika.
Usaisunga nedova renyika upfumi.
Kubuda kwezuva hunonyangadika.
Kuisa muromo mumhino regera.
Zvinyamusi regera.
Ungatorwa musha nanasisi Dhori.

Zvimwe ungakanganwa,
Chikuru chimwe usakanganwa.
Anomisa wako musha ndiIshe.
Vakare midzimu vaipira wani?
Nhasi mwanakomana ziva.
Yako miteuro usaneta.
Turikira mhuri misi nenguva.
Turikirako uchengete mhuri,
Turikirako uchengete musha.
Wadaro wararama.

Ivawoka, "*Small House*"

Ikoko kuimba diki,
"*Small House*"
Kunobatwa varume serushiye?
Kunodyiswa varume setwucheche?
Kunoyemerwa varume nevakadzi sepwere?
Kunodetemberwa varume madanha?
Kunotsotsomeswa mazwi?
Kubatwa varume semadzimambo?
Ndizvo here zvinonzi zveko?

Ku*small house*
Vanogezeswa sezvana?
Vanogezwa rurimi nemvura?
Kugezeswa rurimi nerurimi?
Kunopuruzirwa mhanza,
Kuipuruzira kusvika yamera bvudzi?
Kunokangwa kupfuura muhotera?
Kunonhuhwirira semu*State house*?
Kunogadzirwa kanofefetera kamhepo?
Zvekugadzirira murume *jerusarema* panyika?
Ku*small house*
Ndiko here kwavaperera?
Haisi here nyachide?
Ko kuzvigona, ivawoka *small house*.

Zvakunokangwako, mako kangawo.
Zvakunobvira rudo, mako ngarwubvirewo.
Zvakune mufaro, yako ngaizarewoka nemufaro.
Madaroka maupitsa musasa, wayo *small house*

Makasikwa Seiko?

Hosi yangu!
Chihoro!
Une kumusha kwakamedzwa danga,
Matekenyandebvu, rutsambo nemafukidzadumbu.
Kano nekano kekukudzipura kuyako midzi.
Mweyayi unokupinda?
Unokukwachura pachinangwa?
Kuvawo mai vemusha kungaipe?

Kwako kutamba nechoto,
Kupfuura kwa *1940*,
Shungu dzekukwasha twudobidobi,
Twubhuku twuya twe*recipe* hauna.
Nyama kwayo, mvura kwayo, mafuta kwawo.
Munyu kwawo, hanyanisi kwadzo, domasi kwaro.
Sadza kudya mbwizhu zuva nezuva sepakaroorwa mhengo.

Rukudzo neni wakayambutsa mhirika,
Ndiro kukavira negumbo sekatsi.
Anobuditsa mashoko ndove yemunhu,
Kushaya ganda kumeso, zvitutsi zvanapendeke,
Kumwaira baba vemusha pamberi pevana?
Watsiurwa waridza mutsindo pasi, dhi! dhi! dhi!
Kuitwa mweya wehoromba pamusha wevene vawo.

Musikiro,

Mudandiriro,
Musikirachikafu,
Papi pausingaite kunge pakafira chidembo.
Gudza rekufuka rinenge rekufukambwa.
Mbatya kuita sedzabva mukanwa memombe,
Pwere kuita sedziri kutanda botso,
Tsambwa kuita sekuti dzakatamba nepwere?

Rudo!
Zvarwunenge moto rudo,
Moto unopfuta wakuchidzirwa
Unodzima washaya mukuchidziri.
Uchapfuta here uyo moto?
Mukuchidziri achinge akaoneka nyika.

Madzihosi emisha!
Zvekubata varume sezai zvingaipa.
Mazvitadza mazvisikira wemuziso.
Sezvibage varume munotokonorerana chete.
Zverakare makarambaka guru?
Zveranhasi mungarimise here guru?
Vanotokunanga chete kuguru.
Angagarire kupika jere muhuranda hwekuzvitsvagira ndiyani?

Ivawo mudzimai wanhasi.

Mhururu yarira,
Mheterwa nemaoko aiswa.
Danga wadyirwaka.
Rutendo kumusiki.
Nhasi kudya danga kwoyera.
Kwowoenda simudza musoro.
Ziva chara chimwe inda hachitswanyi.

Usazovaka mudzimai dera
Akanzi nevanhasi, *DCC*
"Daddy Chakati Chapera."
Usati kano nekako baba vevana?
Patsvigiri, munyu nemapuno ndivo?
Wada pondo wotovaombera.
Wozotizve kwavamwene tsotso,
Kwaambuya matanda.
Wadaro vazvibvisa ganda pauso.

Jechetere rakauya iri.
Iva mudzimai wanhasi!
Anodya zvaada,
Anodyira kwaada,
Anofamba ne*Navara*, *Benz* kana *BMW*.
Nehokobvu hweyake iye homwe.
Anotambirisa baba vevana yake.

Anomisa yake neyake ku*Borrowdale*.
Anodikitirira yake mhuri,

Mudzimai wanhasi
Anorerutsira baba vevana.
Anozivawo kubata kano nekako kepundutso.
Anoitawo mabhindauko eraramo.
Haagarire maoko,
Haarindirire homwe yasamusha.
Hupenyu! Hwanhasi svinuro mudzimai
Ivaiwo mudzimai wanhasi.

Zvinorevei?

Kupinda!
Pasina gogoi.

Kutaura.
Pasina kufunga.

Kutaura!
Pasina akaterera.

Kutora!
Pasina kupihwa.

Kuzvara!
Pasina mimba.

Kuyamwisa!
Pasina kuzvara.

Kukohwa!
Pasina kurima.

Kudya!
Zverumwe rudzi.

Kufara!
Vamwe vaine misodzi.

Kuuraya!
Vasina mhaka.
Vene venyika.
Madzimai, madzibaba?
Majaya, mhandara
Ko chimina?
Kutora musoro yevashakabvu?
Kuchengeta misoro yevanhu?
Chiyevedzwa here?
Kunoyevedza here?
Kufa kweumwe?

Rudzi rwupi rwusina moyo?
Mwana wekwani ane utsine?
Nanhasi rwune here moyo?
Kwarwo kusekerera ndekwerudo here?
Hakusi here kuyevedza kweshato?
Hakusi here kutsvaga kudya?
Kudyiwa wakasvinura sedemba ngwarira!
Mwana wemutema!

Ichokwadi here?

Idi here?
Vane mazita,
Vane vavanoziva,
Vavanoziva vanozivikanwa,
Vanozivikanwa nevanozivikanwa.
Vane homwe hobvu,
Dzekutengera zvidhakwa hwahwa,
Kutengera mambuya mijiza,
Kumwaya makwatara mumigwagwa.
Vanofamba nedzine mitupo.
Vavaki vematendere avo neminhenga yedzimwe.
Nyangwe vari vene vemadzadza.
Ndivo vanopinda,
Pahu*MP*.

Ichokwadi here?
Vasina vanoziva,
Vanokwenya nedza*Adam*.
Vanamushayaimbwa.
Vene venjeremupengo,
Njeremupengo dzebudiriro.
Njeremupengo dzerudo nevanhu.
Vachengeti venyika.
Vakapamira pahu*MP*,
Ivavo vanoitwa nyama yedhongi.

Asi njere dzetungamiro riri goridhi.

Ichokwadi here?
Sarudzo pahu*MP* munotarisa shangu.
Mangwana moyeredza misodzi?
Motizve,
"Uyu haaite! Haauye kuvanhu,
Maitiro ake zvimwe aivepo aiva nani."
Koshesaika zvinokosha pasarudzo.
Sarudzo yevatungamiri vematunhu ava!

Tambudzai

Muera Tembo!
Manjenjenje!
Shongarunako.
Mumedzesa majaya mate
Mucheukisaharahwa!
Muchiviwanenhenha!
Chisipiti chiri mugwenga.
Ganda revasikana.
Mukombe uzere nerudo.
Mubatanidzi wevanhu.
Weizwi nyoro rakapfava sedonje.

Muera Tembo.
Manjenjenje!
Werudo rwunodana misodzi.
Kuyema kunounza manyawi.
Mangwanani, manheru nehusiku kusekerera.
Munzara kana mumaguta,
Rudo unomwaya sezuva.
Mushayachishorwa.
Ndiwe, Manjenjenje.

Akagarika hake.
Akapeta iri gudza.
Kupinda newe musvitsa.

Kwaari ndishe wemadzishe.
Rwako nerwangu pakapinda nyoka.
Nyoka yakandipinda pakuvimbika.
Ndokuputsiswa chitsividzo,
Nhasi misodzi mokoto mokoto.
Ndochema isingachemedzi ndomene,
Mavanga enyora ndiwo andigara.

"Mudiwa!
Manjenjenje!"
Uchirika mudiwa weakakuda.
Waugere naye murudo.
Rombo rakanaka kwamuri.
Avewo nerudo,
Kupfuura rwandaive narwo kwauri.
Asava wako mutambudzi.
Kwauri ndinoti,
"Nezvangu chikanganwa,
Ungazviputsira musha.
Nezvako kwaramba kukanganwa.
Dzinongoriwo ndangariro.
Kurumbidza chakanaka.
Chichengeta yako imba.
Ndochengeta yangu newangu.
Yako newako, TAMBUDZAI!"

Ukama!

Ndehweropa,
Rekusikwa naZame?
Mukoma nemunin'a,
Hanzvanzi nehanzvadzi.

Ndehwedzinza?
Rudzi rumwe?
Matateguru mamwe?
Hwekwababa hwekwamai?
Hukama!

Hwekubatanidzwa
nerudo,
Muera Soko neanoyera Moyo.
Muera Tembo neanoyera Shava.
Vasina ukama kupa hukama
Huzhinji panyika hungavapo.
Uhwu ndihwo hukama.
Kugezesana,
Murudo nemuurwere.
Kudyisana,
Muutano nemurudo.
Kugarisana siku nesikati.
Hukama hwekuzivana,
Kuzivana kwevasingazivane.
Hukama hwebasa guru.

Hukama hwekubatsira Zame,
Kusika nyika, kugadzira vanhu.
Hukama hukuru panyika.
Kudanana murudo.

Wakagona shamwari.

Mhandara!
Ishe makasika.
Adzo masikirwo chidadiso,
Neadzo masikirwo.
Majaya nhamo tsvuku aitamba.
Majaya dzabatisa maneka, mhandara.
Iiii! Apa samasimba.
Pamhandara makaishongedza, nyika.

Waiona nhoramoyo!
Mhandara tsvuku
Mhandara shava!
Mutsikapatinhira kana mutete.
Yakasikwa Ishe achida.
Yakarukwa nehumhizha hwashe.
Twuziya teu teu muchando.
Wodedera muzuva.
Nyemwerero pauso pfee,
Twumisodzi pamatama mokoto
Mate mukanwa gwa.
Bvudzi kuti nyau nyau.
Kuringa divi zvakaoma,
Kukanda meso pasi zvakonazve,

Kuitarisa zvakonazve.
Kuzoti kurikanda shoko,
Shoko, "Ndakuda!"
Kutsenga yerunda chaiko.
Rinobuda shoko,
"Ndipewo nhamba."
Kunzi ndoo denga dzvi.
Pindikiti mudenga,
Denga rechinomwe.
Denga rerufaro.
Kwava kumiriraka kwavira.
Kukanda guru rerudo shoko.

Dzerudo kukwira gomo,
Huru dzinodyira kwavira.
Ravira nhare dzvii.
Hanawo manhanga kubika.
Tangei naiyo yajairika,
"Hi!"
Meso dzvoko.
Blue tick yotariswa.
Bvudzi nyau nyau.
Nemidzimu mumoyo yodanwa.
Chinodiwa imhinduro.
Mhinduro yemhandara, "Hi!"
Jaya kwanyanu.
"Uri sei? kuri sei? Kwakadii."
Dzamara ranzi dyoo shoko.
"*Baby I love you.*
Ndinokuda mwana."

Yanzwa aya mashoko.
Hana tiba.
Chekutaura chingashaika.
Yada yada yaramba yaramba.

Ndizvoka nharembozha.
Wakagona shamwari.
Vanonyara vowana mapfimbiro.
Vanotya vawanawo kukonza.
Rako basa iguru.
Chikuru wochizivawo wekupfimba.
Vevanhu siya!

Kubaya moyo

Chidochemoyo!
Rangu jaya!
Werudo rwusingagumi,
Mutyamusiki.
Wakazopindwa neiko?
Chakaita undirindise guyo sembwa?
Chakaita uputse chitsividzo tasvika?

Rwedu rudo rwaive rwehangaiwa,
Hakwaiedza usina kuikanda.
'Morning hunnie,
Hwakwaiswera usina kuikanda,
"Noon sweetie"
Hawainyarara usina kutaura.
"Busy now!"
Haraivira usina kuikanda
"Evening hunnie"
Hadzaiuya tisina kuzeya dzerudo.
Kurara mashambanzou.
Kumutswa rokukuridza kwejongwe.
Uri tsime rizere rudo.
Kupi kwatisina kuenda?
Kariba! Mosi-Tunya!
Gunarezhou, Chirorodziwa.
Ipi hotera yatisingazive.
Kwako kupa kwaive kwekuramwa.

Chako chandisina chii?
Nharembozha,
Mbatya,
Shangu,
Chekufuka.
Chiiko chako chandisina?

Zvataive vematongo.
Hama dzangu dzakava dzako.
Dzako dzakava dzangu.
Dzangu dzinokuziva,
Dzako dzinondizivawo.
Zvataive bango rimwe.
Zvataive mukombe nechirongo.

Zvawaiva wakumbira wani?
Sechedu chitsividzo.
Chekupinda musvitsa pasina kunyangadzana.
Wakazara ndakazarawo.
Mubvakure akabvipi.
Akakochonora jaya rangu pandiri?
Akagezeiko muparadzi?
Kuvhunduka here twumbambamba kwawakaita?
Kuvhunduka kake kabasa here?
Kuvhundutswa nekadzidzo kake?
Zvandakadzidzawo wani?

Wakachiveiko?
Zvandiri mhenya inokwikwidza?
Wakapindwa neiko?
Kundisiya chokwadi?
Wakatoshinga here chijaya?

Hazvinei hazvo.
Kumatenga ndakaringa.
Nanhasi ndichiri mhandara.
Ndakamirira yashe nguva.
Asika mudiwa wakandibaya moyo.
Kundicheka nerakagomara.
Kundigadzika vanga rekutsva.

Kumhoresana

Makare kumhoresa,
Kwaiva kumhoresa.
Kumhoresana kupa kwaziso.
Kumhoresana kukorokotedza.
Kumhoresana kwekutenda.
Kumhoresana kwekubata maoko.
Kwaive kwakanaka.

Kwanhasi.
Kumhoresana,
Kune kobiri.
Madhora mashanu, gumi kana makumi maviri.
Pamugwagwa ndiyo pasipoti.
Mishikashika yakazadzisa vanhu,
Kumhoresa,
Mhosva hwa.
Mutyaira ari kumhanyisisa,
Nekumhoresa mhosva hwa.
Motokari yakafa,
Nekumhoresa haina kufa.
Mutyairi asina chitamba,
Nekumhoresa ane chitambi.
Ndiyo vhararomo.
Pane mapurisa.

Nako kumhoresa.

Njodzi pamugwagwa fararira.
Ndihwo here hupurisa?
Ndiro here basa reVID?
Neyemuhoro gutsikana.
Koshesai nyika,
Zvechiokomuhomwe tsvetai pabasa.

Ndinodada newe

"Kwawatumwa unotumika,
Zvawatumwa unoita.
Chawabvunzwa unoreva chokwadi,
Unomira pachokwadi.
Chawada unokumbira,
Mumoyo haukumbirire.
Chawatsiurwa unoteerera.
Vakuru unoremekedza.
Vanetseka unotambanudza ruoko.
Pauri rudo chitubu.
Zvauri nhasi ndizvo mangwana nemusi uyo.
Hausiba mamiriro ekunze, anoshanduka.
Watadzirwa unoregerera,
Watadzira unokumbira kuregererwa.
Mujaya wangu, Tinenyasha:
Zvirambe zvakadaro mwachewe!

Zvigoramba zvakadaro!
Ndinodada newe!"

"Kutaura kwenyu ndekwenyika,
Dzenyu dzidziso kuumba nyika.
Kuumba hunhu, kuvaka hupenyu.
Dzenyu rairo ndinochengeta.
Mune ramangwana ndivakewo hupenyu,
Hupenyu hweangu mapudzi.
Ndimi amai, ndimi mbuya, ndimi teteguru.
Enyu mashoko ndeenyika, kutaura nzeve kwangwa.
TAURAI AMAI!"

Ndasuwa kwedu

Ndakusuwa kwedu!
Kwedu kwadzinovaraidzwa pwere.
Nhodo, pada, chihwandehwande,
Chisweru, zai rakaora kana sarura wako.
Kwedu kunobayirwa zano masarungano.
Sakuru kana mbuya muvaraidzi.
Kunorodzwa njere kupinda tsono.
Ndasuwa kwedu kunodakadza.

Ndasuwa kwedu,
Kwedu kunotandarwa pamatare,
Kunorukwa dzemudumba nemunhanga.
Kwedu kunorohwa dandi.
Kwedu kunorira magavhu.
Kwedu kunokwamiswa hosho.
Hwamanda kana chipendani.
Kwedu kwainozungunutswa zvinonwisa mvura,
Jerusarema, muchongoyo, mbende.

Kune vavaraidzi vevanhu,
Kunofadza vanhu, kwedu
Ndasuwa kwedu kuAfrica!

Achamuka!

Nehandawe-e Nyakasikana
Mudzimu wenyika,
Mhandara imwe chete,
Pasi rose ndiwe,
Wakazvipira kusimudza mureza,
Mureza wenyika.
Wechimurenga mureza.
Kuvaka nyika Zimbabwe.
Wakapinda pfumvu.
Pfumvu isina ani akaona panyika.
Pfumvu isingapindwe nevemarokwa.
Yawakapinda yevacheche,
Vazhinji vacheche,
Vakaponderwa yemwanakomana.
Vakaenda nyikadzimu vasina mhaka.
Ndiwe chete panyika munhukadzi,
Kusungirirwa here usina mhaka,
Kusungirirwa here munhukadzi.
Ko? Zvavakatora wako musoro.
Vaiti here ndiro goridhe reZimbabwe.
"Angu mapfupa achamuka."
Wakarevaka, akamuka, achamuka.
Akamuka ikasununguka nyika.
Akamuka hwevapambevhu hwakakwachurwa.
Nanhasi achamuka.

Wako musoro uchadzoka.
Rako guva richamisikidzwa.
Muhana dzavo uchapfeka.
Pwere meno dzichamera.
Uchamuka! Achamuka,
Iwo akamuka!
Ako mapfupa.

Hwaive hupenyu

Vanamushayanembwa,
Neugariri vaimisa misha.

Vene venyadzi,
Musengabere vaipinda musvitsa.

Vanakadziwo,
Majaya vaisarudza,
Kuganha vaiganhawo.

Vapari vemhosva.
Vemudimbudzirwa.
Mukumbo vaitizisa.

Chimombe enda chimombe dzoka.
Zvaidakadza ichivakwa misha.

Ko? Kusimbisa ukama.
Kusimbaradza rudo.
Chitsvaramvi ndo kumukwasha.
Chigadzamapfihwa, chimutsamapfihwa.

Chidadiso!
Chishuvira madzitete.
Chishuvo chemhandara.
Kukumbirwa!
Vakarongekaka yaimira misha.

Hwaiva hupenyu.
Kusunganidza hukama.
Roora makarekare.
Kwaisava kutengesa munhu.
Kwaivaka kuvaka hukama.

Hunganzi hwangu.

Kufara!
Zvaunofarira zvandisingadi.

Kutamba!
Dzako dzisingandifadzi.

Kudya!
Kunokufadza kwandisingafarire.

Kushanda!
Zvako zvisingandipe pundutso.

Kudikitirira!
Yako mhuri,
Yangu ichidya dzezvironda.

Hunganzi hwangu?
Uhwu hupenyu muhushamwari?
Ndewangu here hupenyu?
Hwacho hushamwari,
Hausi here hwebhiza nemutasvi.
Rwacho rudo,
Harwusi here rweusvetasimba.

Muushamwari svinurai.

Kushandiswa ngwarirai!

Angawanikepi?

Kupi panyika,
Kwadzingawanikwa mhare,
Mhare dzemhare dzine humhare.
Dzingamise iyi shasha,
Chine hupenyu panyika.
Vanhu, mhuka zvipuka netwupuka.
Tsiye nyoro haina shasha,
Yasvika yayo nguva basa inobata.
Iyi shasha angawanikwe ndiyani?
Chingawanikwa panyika chii?
 Zvingaitwa panyika zvii?
Kumisa iyi shasha panyika?

Iyi shasha,
Madhokotera mapfumo pasi anokanda.
Kupi nekupi nezano vanoshaya.
N'anga hakata nemidzi hazvina nebasa.
Maporofita miteuro haina nebasa.
Vemahebhuru vakati kuuya ava navowo vanoitya.

Shasha isina mugoni pavagoni,
Rufu angawanikepiko angarukunda?
Angawanikwepi?

MAKABATA GOBVU.

Zvinenge ngano,
Zvinenge zviroto.
Kuzviumba mundangariro.
Inodonha yega misodzi.

Vapenyu nevakaioneka nyika.
Vanozivikanwa nevasingazivikanwe.
Vane mapfupa muno nevari kunze.
Vakachemwa nevakashaya akachema.
Vakarova nevakatsakatika.
Madzitateguru!
Magamba ayo enyika!
Vasunguri vevanhu!
Tinovonga kubata kwenyu.
Makabata gobvu.

Kudya murunyararo ndimi,
Kufamba murunyararo ndimi,
Kumwa pasina kuvhunduka maoko enyu,
Kurima pamadiro idikita renyu,
Kukudza musiki kwedu zvido zvenyu,
Kudzidza pamadiro zvido zvenyu.
Kurara dzinobata zvido zvenyu.
Kutongwa nemutema kuda kwenyu.

Kurarama pamadiro kuda kwenyu.
Kuda rusununguko kwenyu kwatipa rugare.

Makabata gobvu musango
Kurarama semhuka dzesango,
Kuswerera mate nekuvavira kwedikita.
Kushapira yeumwe weti semvura.
Kunanzvirira kutapira kweremavanga ropa.
Kutsamira mutsago wegidi,
Kufuka mashizha nemarakwani,
Kuita mapako nematombo enyu makamuri.
Kupinda musvitsa tsvene nechigwagwagwa.
Kufira nyika yevatema Zimbabwe,
Nyika dzevatema Africa.
Ramakabata basa igobvu,
Narinhi narinhi wose richarangarirwa

KWAWAKANANGA

Ita hako!
Kutsenga mvura ichibuda masvisvinwa.
Kukanyaira sehoromba,
Kuzvikudza hwegarikuni.
Kunamatwa semusiki.
Kugwadamwa nevaranda sashe,
Nguva ndeyako!

Kutuhwina muduhwino rerugare
Kufuratira hama nerugare
Kufambira mumvura sehove
Kubhururuka mudenga seshiri
Kunjenjema segoridhe
Kunyima vanoshaya,
Kurasa vamwe vachishaya.
Hutsinye kuvarombo.
Kuseka vamwe vari munhamo.
Humvangamakomwe nemhandara,
Bate tsve, bate tsvee,
Kukanda pwere mune chakapedzambudzi.
Kuzviriritira nedikita nemisodzi yevarombo.
Ndehwako hupenyuka?
Hupenyu ndiwo, hwepanyikaka?

Virima hako,

Ramba hwake huvepo.
Ramba kumugwadama,
Shinga hako kumumhura panyika,
Mwene wenyika mwana waJosefa.
Uchasvika hawo musi,
Musi usina ani angaziva panyika.
Nguva yake waunovirimira.
Nguva yausingakwanise kuramba.
Nawo ako mazakwatira,
Rake guru gudza unofuka,
Iri gumbeze harina angaramba kufuka.
Ita hako uchiziva kwawakananga.
Kana panyika vachitongwa vanhu?
Kwawakananga, kuti havatongwe vanhu?
Kwako kutongwa kuti kuchava kwetsiye nyoro?
Kuti kuchava kwerufuse rwemoto? Kwawakananga?

Itsika yedu?

Mwanakadzi!
Ungapedze misodzi nekuchema?
Kukwama sewafirwa?
Kupakata hasha?
Kufuta sedzetse?
Kukwachura makumbo segurwe?
Kupedza mari kun'anga?
Kupedza nguva kumaporofita?
Kusunga mbatya?
Kusiya vana muhunherera,
Hunherera hwekushaya amai?
Chikonzero chii?
Kuparikwa here?
Kungava kupondwa here?

Kuparikwa!
Kupihwa here gupuro?
Kuri nani ndekupi?
Kwesunganidzwa na *Sisi Alice*,
Monica naJojina vausingazive
Vene venjovhere neshuramatongo?
Nekwako kwawaitwa, kwekuunzirwa wekubvisirwa?
Nekuparikwa nepfambi dzemumabhawa?
Ndekupi kuri nani?

Mwanangu!

Kwatanga newe here?
Kuchaguma newe here?
Kuparikwa?
Zvairi yedu tsika,
Zvairi nhaka yemaketeguru.
Dzokera pamusha uchengete vana.
Mudewo waatora.
Mangwana anokuchengeta.
Itsika yedu vatema, barika.

Zvine mwaka

Mbeu panyika.
Chibage kana gorosi.
Nhasi dyarwei,
Mangwana kurei,
Mwedzi uyo womei.
Mbesa kohwei.
Mudura kandei.
Ndihwo hwadzo hupenyu.

Yaoma mbesa.
Nyangodiridza sei,
Nyangoipa manyowa sei,
Muhunyoro haidzoki.

Chikonzero zvine mwaka.
Wayo wapfuura, mwaka wapfura.
Shure hakudzokerwizve!

Nyangwewo vanhu panyika.
Sembesa panyika.
Mwaka vanayo.
Yevanhu mwaka muzivi, Musikavanhu!
Yake nguva haina rusarura,
Hainei nerunako, hukobvu kana hutete.
Hainei nechembere, harahwa kana vacheche,
Majaya kana mhandara.
Mvana kana tsvimborume.
Wakwana mwaka anoita semadiro ake.

Wese munhu panyika.
Wake uchasvika mwaka.
Ziva zvine mwaka panyika.
Ramangwana gadzirira uchine mwaka.
Rufu mutambo usina angaramba kutamba.

Rudo here?

Rudo here?
Kuda munhu,
Munhu asisaone rudo
Asingachanzwi rudo?
Asichinei nerudo?
Asisafunge rudo?
Panguva yaaida rudo,
Maisapa kwaari rudo?
Rudo here?

Rudo here?
Kutenga bhokisi?
Rinodhura racho?
Kuturika misi yese,
Purofaiwu pikicha, sitetasi?
Kunyoresa mbatya mufananidzo?
Inodhura yacho?
Kunyoresa mbatya mazuva,
Ekuzvarwa neekuoneka nyika?
Kutenga zvidyo zvizhinji?
Kuvaka makuva zvinotyisa.
Kuvaitira vashakabvu?
Ndezverudo here?

Nevafi maive makara asionani?

Nevafi maive gonzo nekatsi?
Kuvaona kamwe pamakore gumi?
Vafi vaishaya chekudya?
Vafi vaishaya murapisi?
Vafi vaishaya chifuko?
Vafi vaive nherera dzakabereka?

Rudo here?
Kuita semunovada?
Nekuti vasiya nyika?
Vari vapenyu maivaita zvikorobho?
Rudo here?

Wakazoitei?

Wakanotaka?
Homwe wakazadza.
Mishikashika, kombi nemabhazi,
Dzemarema wakadyaka?
Vharamuromo wakaidyaka?
Ko zvaune inoridza muridzo nhamo?
Zvauchafa uchiroja?
Machipisi nepitsa zvichikunakira?
Nayo yehupurisa,
Hupurisa hwehumbavha, wakazoitei?

Dhiziri!
Wakachururudzaka?
Mugonyeti kana bhazi?
Muhomwe wakaityorera?
Nhasi pamba zivha,
Anokupinza basa hwa.
Nayo yerekuba dhiziri,
Mutyairi, wakazoitei?

Mbavha, makororo,
Mhondi, mharapatsetse.
Vabati vezvibharo.
Vehuori nehutsotsi.

Jeri wakayambutsaka.
Ine mumvuri wadyaka.
Nhasi dzadambuka njere?
Mhuri mhere kwetsu!
Nacho chiokomuhomwe, wakazoitei?

Dzinorema wakavaka,
Kupfuura dzana *Peter* dzeGarariya.
Dzakashata nekunaka ukamisa.
Kupfuura dzevatongi venyika?
Makwatara uchiita ekurasaka.
Ndizvo uri mumiririri.

Wevanhu mudare guru.
Nazvo wakaitei?
Hupenyu wakazotengaka?
Uchararama kusvika Jeso achiuya?
Nahwo humbavha
wakazoitei?

Basa sebasa pabasa!
Basa mberi!, Nyika mberi!
Mari kumashureshure.

Mhodzi kangai

Kudeura ropa,
Ropa reweropa,
Kuendesa kunyikadzimu.
Weropa uri weropa.
Kuisa madzvanga panyama.
Pfuti, demo, mapanga nemhonza.
Mazimbwa, mazivanhu ehutsinye.
Kudzika maronda panyama
Kudzika mavanga mumoyo.
Kupondera pfuma.
Pfuma yemadzitateguru.
Nhaka yamadzibaba.

Kutozvitutumadza!
*"Mabhudhi, Vakomana,
Mabhosi, Mashurugwi,
Mashangwe"*
Mhodzi dzisina rekumeso.
Kudya zvevapfupi nekureba.
Kudya yekuba inozvimbira.

Ngoda kana goridhe!
Moda kuzviita zvenyu mega, musango?
Muchengeti wemhodzi yazvo ndimi?
Munayo here mbeu yazvo?

Manaro here razvo dzinde?
Kuita kwenyu sevene vazvo?
Kututira ngoda adikitirira yake mhuri?
Kupamba goridhe ashandira mhuri yake?
Ndizvo here nhai veganda dema.
Ndiko here kushanda? Musango?

Ngoda negoridhe.
Inhaka yedu veZimbabwe.
Nhafu panhaka haina maturo.
Dikitirira yako uiwane,
Dikita reumwe nderake.
Zveutsinye svipaiwo varume.
Mhodzi yehutsinye kangai varume.
Kubatana ndiyo nyika varume.
Tabatana inopunduka nyika.

Chenjerera!

Mwanasikana!
Chenjera vavhimi.
Vanovhima nemunyu muhomwe.
Vasingasarudze chekubaya.
Vasina moyo,
Vane inotubuka uriri moyo.
Vangwarire, vendebvu ava.

Mwanasikana.
Kuchiviswa ngwarira;
Mapepa enyika,
Micheno yemabvarubvaru.
Nharembozha dzepamusorosoro,
Zvicheni zvemuhuro.
Motokari dzine mitupo dzisi dzavo.
Zvese idova renyika.
Semazhanje zvinokuva.

Kukandwa shoko
Hakungorevi rudo bodo,
Hakusi kwese kwerudo.
Kumwe kuchiviwa.
Kumwe kuyedzwa.
Kumwe kutsvaka kukushandisa.
Kumwe kuda kuparadzwa.
Zvingwarire, meso usvinure.

Rudo rweupenyu,
Kuriwana hudikitira.
Kutsvaga tsanga yezviyo mumurara.
Kuputsiswa chirongo,
Ngwarira mwanasikana.

Kwenyu

KuAfrica
Vana venyu.
Bernard!
Purity,
Prince
Editor
Alice
Ronaldho.
Beyonce.

Kwavo,
Vangerengere,
Variko here?
VanaTambudzai,
Tichaona,
Dadirai,
Tarwuona,

Zvanyadza.
Kundai.
Vanotumidzawo here vavo vana,
Enyu mazita?

Zvaane zvaanoreva,
Fadzai Kufadzwa.
Tasvika kufarira chagashirwa.
Svikai kufarira chagadzirwa.
Tariro kutarisira chitsvene.
Tinenyasha kurumbidza dzaIshe ngoni
Ngonidzashe kufarira dzaIshe tsitsi.
Kudakwashe, kugutsikana nezvaIshe.

Ko aya evangerengere?
Anopirweiko vatema?
Zvevanhu kuvanhu!
Zvingaipa here?
Zvevatema kuvatema.
Kwenyu zvenyu! Zvingaipe?

Zviri kwese.

Nhinhi munyemba,
Nhire mumupunga,
Sawi muzviyo,
Zizi muzumbu rehuku,
Mapere mudanga rembudzi.
Mumabasa tekeshe,
Muzvikoro fararira,
Muhumende mavhu nemarara.
Mumapato makuru,
Acho anonzi mapato, masvosve.
Mumhuri ngoma ndiyo ndiyo.
Mumadzinza ndizvozvowo.

Panomira vamwe ivo vanogara,
Pavanogara vanomira.
Panofamba vamwe vanomhanya,
Pavanomhanya vanofamba.
Zvipfukutu zvebudiriro.
Zvishambwe zvesimba rekushanda.
Chanakira vamwe chakavaipira.
Chakaipira vamwe chakavanakira.
Yavo mweya ndeyemhikiso.
Idzi imhandu!

Svinurai meso!
Mavaona itai hwenzou.

Kuhukura kwembwa hakuimise kufamba.
Basa sebasa mumabasa!

Mumvuri wemusha

Chibaramabondwe,
Chibaramatunzvi,
Chipangamazano,
Mumvuri wemisha,
Mumisamisha!
Renyu iguru basa.
Nanhasi richiripo,
Batai renyu basa.
Mukasaribata basa.
Ingawande mifumu nyika.

Mumvuri wemusha!
Dzimurai ropisa zuva.
Kuyeredzwa hwehunhu,
Kuparara kwemisha.
Mhirizhonga muwanano.

Mumvuri wemusha,
Wekuumba hunhu,
Hunhu hwevazukurusikana,
Kuchengeta chimiro,
Humhandara kuvanasikana.

Hunodyisa yechimanda mombe.

Kugadzira misha,
Yozengezeka yevazukuru.
Yozengezeka yavahanzvadzi
Kubatsira wanano,
Kuraira majaya nemhandara.
Kumisa misha, kugadzira rudzi.

Mumvuri wemusha!
Yakatemwa here mumisha?
Madzitete! Simukai kwamuriko!
Mukati zii, dzinza raparara.
Tinodada nemi, mimvuri yemisha!

Achawanikwepi?

Yangu nhamo,

Ndewesango moto,
Kuti achawanikwa, achadzimura?
Iyi ndeyefodya chaiyo,
Uku iri kutsva,
Uku yakarumwa.
Achabatsira ndiyaniko?

Iyi nhamo,
Mhezi yavaviri muura.
Angaikwenye ndiyaniko?
Zvaingori nzwirapamuviri?

Kuriudza mukoma,
Zvonzi wakadyiswa.
Kumadzimbuya nemadzitete,
Zvonzi uvete nezamu mukanwa.
Kumadzishamwari.
Zvonzi uri dera, ita semurume.
Kurikanda kumapurisa,
Mbabvu vanowona nekuseka.

Achawanikwepi?

Achapedza iyi nhamo?
Kuzhindikitwa!
Kutswasanudzwa!
Kurohweswa neakandiberekera.
Wemumba mudzimai.
Mhitsa shasha yetsiva.
Zuva nezuva sendakapara mhaka.
Ndozviudza aniko?
Vese zvavanondiita fuza ndavapira,
Ndiyo yanetsa yangu nhamo.

Achawanikwepi achabatsira!
Iyi yevendebvu nhamo!
Chokwadi haisi yangu ndega,
Vazhinji vari mairi,
Yavo miromo vanosona havo.
Kusonera nyadzi!
Achawanikwepi achadura?
Iyi nhamo?

Kuchema inzwaiwo.

Yayerera kubva kare.
Yarira mhere izwi rashoshoma,
Yarera dzamara yapwa misodzi.
Nyangorwadziswa sei,
Haichachururuka misodzi.

Kudya zvaraswa,
Kuguta zvekunhongerera,
Kudya zvemubhini,
Gomba remarara.

Zvipfeko marengenya,
Zvipfeko zvekukonona.
Zvine namo yenhamo,
Nhamo yetsambwa.

Zvifuko.
Zvekunhonga zvaraswa.
Makadhibhokisi,
Zvimucheka nemachari.
Zvevashakabvu vagochanhembe.

Shamwari.
Tsikidzi, umhutu,
Inda zvikwekwe nemadari.

Zvikwekweta gazi.
Vanhu tiri dzavo mhandu,
Vanamati nemahedheni.

Varipi vanhu vashe?
Vanopihwa dzekubatsira vanotambura?
Vabatsireiwo isu vatamburi.
Zvadzisiri kusvika kwatiri vatamburi,
Kuti ndivo vave kutambura?
Kutambura nekushaya zvekuita nemari?
Mari yovogadzira nhandare yendege mudzimba?

Varipi vene venyika.
Makurukota ekodzero dzevana.
Vanayo yehurumende.
Vabatsirewo isu.
Batsiraiwo kani!

Mumigwagwa vana.
Tayaura, tatambura.
Tatambudzwa.
Nhamo tatamba tsvuku.
Kwedu kuchema inzwaiwo kani!

Tiri vanawo.

Uvato hwavamwe,
Mitepfetepfe *"KDV."*
Queen kana *King Size*.
Hwedu uvato,
Mapazi emiti, madhireini nemavheranda.

Kwevamwe kudanwa,
"Mwanangu! *lovely son*! *Lovely daughter*!"
Kwedu kudaidzwa mazita,
"*Street Kids!* Twumbavha! Twumatsotsi!"

Dzevamwe dzimba,
KuDzivarasekwa,
Mbare kana Mabhuku.
Dzedu dzimba,
First street, King street kana *Samora*.

Yavamwe dzidzo.
O level, A level ne *Vhasiti*.
Yedu dzidzo,
Chamuhwandehwande nemapurisa,
Kunyengerera, kunhongerera nekupemha.
Tikasadaro, angacheukawo ndiyani?
"*Street Kid!*" Rinodiwa naniko?
Hatisika venyu vana? Zvamatitika "*Street Kid*!"

Tiri vanawo veduwee!
Musatisiyanise tiri vamwe!
Tiri vana sevamwe vana,
Vane kodzero yedzidzo.
Kodzero yekudiwa.
Kodzero yezvekudya.
Kodzero yepekugara.
Kudzero yekuchengetwa.
Kodzero yekurapwa.

Hamawe-e!
Tibateiwo sevana.
Nekuti tiri vanawo.

Nhai Ishe!

Tayaura!
Taungudza!
Tagwabvura!
Tatsvukirira nenhamo,
Yedu yave kuridza muridzo.
Midzimu yamai mbereko yakadimura,
Midzimu yababa yakatifuratira,
Vabereki vakafuratira,
Hama dzikatiramwa,
Dzinza ndokutiramba.
Kurambwa tiri pwere,
Pwere dzinoda vachengeti,
Pwere dzinoda variritiri.
Kurambwa nenyika,
Kurambwa nevanamati,
Kurambwa nevetsiye nyoro,
Variritiri tashaiiwa,
Vemoyochena tashaisisa.
Kutukwa, kushorwa,
Kushurwa, kupomerwa mhaka,
Kushandiswa, kushungurudzwa.
Zvatimomotera, zano tashaya.
Mapurisa, vekanzuru,
Vemapato nevanhu.
Nesu nanga nanga semhavha,
Nesu nanga nanga semhondi.

Kusunga tisina nemhaka,
Kutishandisa pasina muripo.
Mhaka kugara mumigwagwa,
Mumigwagwa zvenhamo huru,
Huru yekushaya ane tsiye nyoro.
Toendepiko veduwe dzenyu pwere?
Kwevanhu hatidiwi,
Pekugara hativakirwi.
Tiri pwere pazera,
Tiri vanasamisha mumeso evakuru.
Chitinzwaiwo wedenga.
Tinoda rugare!
Tinoda rusununguko!
Tinoda mafaro!
Tinoda rudo!
Tingaita zvekurota zviripo?
Mune nyasha.
Chitibaitsiraiwo.
Ndimi yedu tariro.
Wedu muteuro!
Inzwaiwo Ishe!
Tinzwei Ishe!

Zvakapera?

Dzave ngano!
Yave nhoroondo.
Madanasetswa!
Rusununguko!
Zvese zvakaraswa semarara.

Munhu mutema, "Fishibonga,"
Muchena, "*fisherman.*"

Wegandadema, "Mukorokoza."
Wegangajena, "Miner".

Murapi wevatema, "*Witch doctor.*"
Murapi wevachena, "*Doctor*"
Hunganzi huroyi here?
Kurapa munhu achipora?
Neyechivanhu mishonga?

Mweya wasekuru,
Wasvika pamuzukuru rinonzi dhimoni.
Idhimoni! Baba vababa?

Yaive nguva yacho.
Nhasi tongoraura, pamadiro,

Zvicherwa tichichera, pamadiro,
Midzimu tichikudza, pamadiro.
Makabata basa magamba enyika.
Makaunza rusununguko
Pamberi nemi!

Izvi pfidzai!

Iyi yanhasi.
Haisi yakare.
Ndeyedu tinayo,
Haisi yedu ndeyavo.
Kwainobva hapasi pedyo.
Newe hausati wasvikako.
Zvimwe hauzokusvikeko.
Kana yedu haizvidewo.
Zvairiyo, inorambirwei?
Izvi pfidzai.
Zvekudziramba.

Kunopei?
Kunan'anidza?
"Yakabvaruka,
Yakasviba,
Yakabooka.
Haina chipenga."

Ichioneka.
YekuAmerica!
YemuZimbabwe!
Inorambirwei?
Mari tambirai.
Kuramba mari regerai.
Nayo tengai!

Imhepo hwai?

Imi vedzinza!
Vakatungamira!
Vari nyikadzimu!
Tipeiwo tsananguro.
Zvomotikanda rufuse.
Gore negore mafungei?
Vakasiya nyemba mbuya,
Mwedzi wacho, Nyamavhuvhu.
Vakarohwa nemheni, tezvara,
Mwedzi wacho, Nyamavhuvhu.
Danga kupazwa rese,
Mwedzi wacho, Nyamavhuvhu.
Gupuro yakapihwa hanzvadzi,
Nyamavhuvhu.
Kusiirwa vana mukoma,
Nyamavhuvhu.

Motokari kubiwa,
Nyamavhuvhu.
Chitoro kupazwa,
Mwedzi ndiwowu, Nyavhuvhu.
Botsakufa mhiri kwemakungwa,
Mwedzi wacho, Nyamavhuvhu.
Hosha kupwere, Nyamavhuvhu.
Mabasa kupera mwedzi, Nyamavhuvhu.
Unei uyu mwedzi?
Imhepo iri yega here kwatiri?
Haasi here akarehwa, "Mamhepo"
Makaupei mudzinza?
Mwedzi, Nyamavhuvhu?
Munenge muripi?
Munozorora here, Nyamavhuvhu?
Izororo hwai kuzorora mese?
Kwamuri kunyikadzimuko?
Kusvinura muneiko?
Kutarisa pwere dzenyu?
Ringai vapwereka?
Zveshure ngazvigume.
Ake mashura ngaagume.
Tinoda mhemberero, Nyamavhuvhu!
Samatenga Onaiwo.
Midzimu yafuratira iyi.
Chibatsireiwoka.
Dzake Nyamavhuvhu dzipere.

Batsiraiwo!

Mheni

Vai vai!
Kupenya kwemheni.
Muti mukuru inoriga,
Mhuka kana chisikwa inoriga.
Ingamiswe nani yarova?
Ingabatwawo nani zvake?

Kupenya kwayo,
Kufamba kwemashoko.
Chokwadi anoparadza.
Nyonga nyonga anofuridzira.
Manyepo anopararidza.
Hukama anoparadza.
Kubatana anoparadza.

Idzi mheni dzemashoko!
Facebook!
Twiter!
Whatsapp!
Instagram!
Indaneti!
Mapfumo pasi dzatikandisa.

Nhema dzinotungamira,
Chokwadi chinotevera.
Kusvika kwechokwadi,
Achaziva nhema nechokwadi ndiyaniko?

Amunowana mashoko.
Pamhepo, padandiranyika ngaangwarirwe!
Mazhinji mashoko,
Kutungamira kwenhema!
Pachinosvika chokwadi munoti, "Nhema!"
Mashoko nhasi changamukirai!

Tinokudai.

Wemazwi matete,
Mhumhu mutete,
Mudhafu pamunyati!
Mwene wetsiye nyoro,
Machengetanherera,
Nherera nedzisiri dzenyu nerudo.
Wemafambiro anoyevedza,
Werunako rwunotoshora.
Nyakubereka mandudzi.
Wenjere zhinji dzaZame.
Muyera Shava!
Unotizadza nemufaro.
Uri chisipiti chehunhu!

Rwenyu rudo chipo chaZame,
Varwere muhurwere munopepa,
Vatano muhutano munochengeta.
Vati rukutu nenhamo munoyamura.
Vemakakatanwa munopa mazano.
Vorambana imba munomisa.
Munomira satete musiri tete.
Saambuya musiri mbuya.
Kumira sasekuru muri munhukadzi.
Kumira sababa muri mwana,
Kumira samai muri mwanazve.

Chenyu chipo chisipiti chiri mugwenga.
Rwenyu rudo chishongo chamadzishe.
Mai vemusha! Muroora wedzinza!
Wakabva kuvanhu chokwadi mwanawee!
Zvirambe zvakadaro!
Kusvika nekusina ukoni!
Murwedu dzinza watizadza manyemwe!
Neni wandipazve chimiro mai vevana!

Simukaiwozve vanamai!

Kusasikwa zvamakasasikwa!
Mungachiramba kununa?
Kuramba kununa makasasikwa?
Kuti pfacha kwejechetere,
Ndikoka kwenyu kusasikwa kutsvene.
Chiitaka zvebere,
Kanyu kanyu muchifamba zvenyu.
Zvecheingwe chinono pfirai!
Yehutungamiri isadza naku iyi,
Sadza naku ibvutidzanwaka, changamukai!

Chati homu chareva!
Nzeve mototi kwangwaka.
Akuruma nzeve ndiye wakozve.
Kwamuri mikana yakazaruka.
Kune here ringanzi revendebvu dunhu?
Hutyairi hwemabhazi nemagonyeti here?
Huvaki hwedzimba nemabhiriji?
Ndezvechiuto, chipurisa nehutikitivha here?
Ndezvehugweta chete here?
Maari aya matunhu muri fararira wani?
Racho basa muchirakasha kupfuura vendebvu?

Chisimukaika vemazwi matete,
Vane uropi hwakapinza setsono,

Vane moyo uzere netsitsi.
Seiko kutyira kure simba makapihwa?
Seiko kuti gwadagwa ro ro ro zii.
Kutonyara zvenyu muripo chokwadi?
Simukaika mutore zvigaro nyika mutonge,
Simukaika pahu*MP* apa, pahukanzura apa!
Miraiwoka motonge nyika!
Simukai vanakadzi! Jechetere rakauya iri!

Kunokunda kutaura

Botso,
Ruvengo,
Huroyi,
Zvibhakera,
Kurambwa,
Kurambana,
Kutuka,
Kutukana,
Makakatanwa.
Kutaura.

Rudo,
Kudanana,
Kuroorana,
Kubatana,

Kunzwisisana,
Kuwirirana,
Kuyanana,
Kuremekedzana.
Kutaura!

Mashoko!
Kutaura!
Njere tungamidzai,
Tevere mashoko.
Kumwe kunoparadza,
Kumwe kunovaka,
Kutaura.
Pamwe panoda kutaura
Pamwe panoda kunyarara.
Kunokunda kutaura,
Kunyarara!

Nyaya huru

Tinenyasha!
Chijaya changu!
Mudyi wemabhii!
Mukuru wekambani!
Ngwarira hupenyu,
Nyaya huru ziva.

Nyaya huru!
Mumabhawa,
Mumakereke,
Mumabasa,
Mumichovha,
Muzvikoro,
Mumajeri.
Kwese kwese!
Matongerwo enyika.
"Nhingi anyangadza,
Ngana anogona."

Nyaya huru!
Ngwarira mwachewe,
Iri pamuromo,
Iri mumoyo,
Iri mupfungwa.

Inokupei nyaya huru?
Ichapa here mhuri chemuura?
Ichapa here iwe chekubata?
Ichakupa here mapepa enyika?
Ichakupa here zano repundutso?
Nyaya huru yematongerwo enyika?

Itaiwoka nyaya huru,
Yematongerwo emhuri,
Yemakwashirwoka emapepa enyika,
Yemaumbirwo enyika zvine pundutso.
Munzanga dzeseka dzehurukuro!

Pfavirai pfuti

Yarira pfuti,
Pfuti yehondo huru,
Mai vanotakura imbwa,
Kumusana kandei vachiti mwana.
Yehondo iri nani pfuti.
Yerudo ihuru mharadzi,
Mharadzi yenjere.

Yarira pfuti yerudo;
Mbavha inoita mutsvene,
Tsotsi rinova *Maria* musande,
Wenhehwechena anoita *Solomon* chaiye,
Baba veumwe musha vanova jaya,
Mai veumwe vanova mhandara,
Mhondi inoita hondohwe yehwai,
Chavo chipukandipemwenje,
Inoita yako nhenha tsono.
Murwere anoita mutano,
Weshuramatongo murwere,
Anoita wemusoro murwere,
Rake ropa mumeso rinochena.
Ndiwo maitiro arwo rudo,
Rwunopisa njere mudzemunhu njere.

Pfavirai pfuti yerudo,

Nzeve mototi kwangwa,
Inobatwa nemusungo tsuro,
Ndiyo yekurarisa nzevezve,
Inodzimisa nzeve tsuro inonzwa.
Ngwarirai rudo musati mapinda,
Apindamo atove mucheche,
Chozivikanwa kunanaidzana.
Pfavirai iyi pfuti yerudo.

Makapasika Seiko?

Samatenga!
Muumbavanhu!
Mupahupenyu!
Mugadziranyika!
Mutangakugara!
Mugararanekusingaperi!
Aka kapuka kakasikwa sei?
Aka kapuka kanobata pai?
Dunzvi rembwa hadzi fararira,
Kumombe bhuru rimwe mudanga,
Kuhuku jongwe rimwe muchirugu,
Kuhovewo mukono umwe hadzi zhinji.
Kuvanhu vabatanidzwa vanhukadzi,
Vaviri, vana kana vatanhatu pamusha,
Vanozivana kana vasingazivane,

Miromo mumhino pfee!
Ruvengo mumoyo pfee!
Vaonana anenge mabhuru atuzurirana.
Zvevemarokwe zvikange nanika.
Abvutirwa wake mumwe chete,
Chinomuka ibotso, bongozozo.
Kudeuka kweropa,
Kuvedzengana nematemo.
Rudo rune ngozi.
Kanonzi shanje kapuka!
Kanogarepi pamunhu?
Makapasika seiko apa?
Pashanje?

Ivai vanababa varumewee!

Kuva baba,
Hungava here hurume?
Hurume hwemukono wembwa?
Dunzvi rembwa?
Rinoita handa hweenyoka mazai.
Enyoka mazai anotsotsonya oga.
Yembwa hono, isinei hanya nehanda,
Yayo handa inokurira kwaisingazive.

Dunzvi rembwa, nehono,
Handa inosika.
Handa kwayavata,
Hono haitsvage.
Handa chayadya,
Hono haisvinurire.
Kwehanda kukura,
Dunzvi harimeme.
Handakadzi yehono yakura.
Handarume yehono inotora.
Kutora kugadza mauta.

Zvenyu varume.
Hudunzvi hwembwa.
Madzimai vana kupa,
Vana kuriritira hapana.
Kwabva mitambo hamhucheuke,

Chafuka vana hamhunei nacho,
Chavadya hamhukwasheba.

Hurume hausi hubaba,
Hurume kusika munhu.
Hubaba kuchengeta mhuri.
Ivai vanababa varumewee!

Ziva!

Mwanangu,
Changamuka,
Uri munhurumeka.
Wenjere,
Wesimba guru.
Zivaka kwekupedza simba,
Kwekushandisa njere.
Ziva!

Dzingawande shungu,
Shungu mune zveshungu.
Pekudziwanza ziva.
Nyika inyika iwe ndiwe,
Venyika vatungamiri ndevenyika,

Wehwako hupenyu mutungamiri ndiwe.
Kwekupedza simba ziva.

Zvenyika ndezvaIshe,
Zvevatungamiri ndezvaIshe.
Anoita kuda kwake Ishe.
Vangauye vatungamiri,
Hwavo ndehwavo hutungamiri,
Pangawana anokupa sadza?
Anochengeta yako mhuri?
Anokupa mari pachena?
Kugarika pasina dikita?
Raramo hudikitira.
Dikitirira yako raramo!
Izvi mwanangu ziva.

Munozvinetsereiko?

Kuda zvausiri?
Kuramba zvamuri?
Mungava zviremwaremwa?
Munozvinetsereiko zvenyu?

Uso kangei kangei,
Huso hutsvuku,
Tsoka nhema.
Kuva mutsvuku kunopei?

Bvudzi kugochagocha,
Ronge miswe yemabhiza.
Kusungurira zviremberembe,
Mone mone kuramba chaZame chimiro.

Nhivi moonesa nhamo,
Zvichira pfekei pfekei,
Zvidenderedzwa zvisipo mogadzira.
Pazvichadonha nhamo muchaiona?

Tsiyewo modzinetsereiko.
Veu veu dzese tsiye.
Tarei tarei zvisiri tsiye.
Vavariro ndeyeiko?

Munozvinetsereiko?
Munosvikepiko?
Muchida zvamusiri?
Zvideiwo imi woye!

Tinovonga

Madzitateguru!
Vakaoneka nyika!
Varwi vehondo,
Hondo yerusununguko!
Vachengetedzi venyika,
Zivisanai mese kwamuriko,
Pashaye anoti anzvengwa.
Svitsaiwo rutendo kuna Zame.
Rudo rwavo tinovonga.
Runyararo tinovonga.
Sarudzo pasina ho ho ho,
Sarudzo pasina chikudo semakudo,
Sarudzo pasina kudeuka kweropa.
Runyararo senjiva kana hangaiwa.
Rudo rwenyu chidadiso,
Muhama dzevanhu makapinda,
Venyika vakaziva kuda nyika.
Venyika vakakoshesa runyararo.
Hwenyu hukuru tinovonga.

Chitungamirai zvido zvenyika,
Chitungamirai vagadzwa venyika.
Zvavachatanga nekupedza basa.
Muvemi munotungamira ravo basa.
Tidyewo tichirasa,
Tishandewo tichidikitirira budiriro,
Zvedu zvive nesimba rinopa manyeme.
Nditwo twedu twumashoko,
Twumashoko twekupera kwaNyamavhuvhu.
Donhodzo renyu!
Tonhodzaiwo nyota!
Bu! Bu! Bu!
Madzimai Mhururu!
Varume kanhondo!

Chinozonaka Seiko?

Chakaipa!
Chinozonaka seiko?
Chivi!
Chinozotenderwa seiko?
Hupomwe chivika?
Seiwo chisina pachakatenderwa?
Ichi chivi!
Seiko chine pachakatenderwa?

Dzimba dzakaputsika,
Vamwe mitezo vakaoma,
Vaidanana vakarambana,
Vashandi vakamabuda mabasa.
Mviro mviro kunakiswa kwechakaipa.

Irori zuva!
Zuva remuna Kubvumbi!
Rinonakisa chivi,
Kunyepa!
Kukugadzirira musi,
Musi wekuita chivi?
Ndizvo here pamutemo wake?
Mwanakomana waJosefa?
Mutemo wemadziteteguru edu erudzi?
Chinozonaka seiko chakaipa?

Chivi chekunyepa?

Zvimwe zvinhuwe!
Tipfirirei pasi vanhu vatema!

Zvinobaya!

Mutemo wani?
Mutemo wekupi?
Wakasungwa nani?

 Munhukadzi!
Akasungirirwepi?
Pasi pano?
MuZimbabwe?
Akaparei?
Mhosva iri yei?
Kuna nyakuponda?
Kufa here asina mhaka?
Kufira here yake nyika?
Ko zvemakunakuna?
Kudimbura musoro?
Kutakura musoro?
Kusiya mutumbi?

Riripiko guva?
Akavigwepiko?

Munhukadzi?
Mbuya venyika?
Nehanda?

Hutsinye hwakakomba,
Kuuraya amai,
Kuponda nyika.
"Angu mapfupa achamuka."
Chinofa inyamaka?
Mweya ungafa?
Tinemi nekusingaperi!
Mweya wenyu!
Muono wenyu!
Shuviro dzenyu!
Taurai amai!
Taurai venyika amai!

Mutengesi

Mupanduki!
Mhandu yenyika!
Mutengesi wedzinza!
Anorutsa ekuparadza,
Epesaniso nenyonganiso,
Ane mate anovava senyoka.
Ndiye here mutengesi?
Ndiye here anonzi, "Pasi nemutengesi!"

Mutengesi!
Murambadzinza!
Murambarudzi!
Murambazvekwake,
Mudazvekwavo
Vabvakure.
Mutauro,
Unhu,
Zvidyo,
Shwiro,
Utsome,
Mifungo,
Nhaka,
Tsika,
Magariro.
Iyeu ndiye mukuru,
Mutengesi!
Neniwo ndinoti kwaari,
"Pasi nemutengesi!"

Ndoreva Seiko?

Kuuya sechiroto?
Chiroto chedzikirira?
Chinyarisanyama?

Kuuya semipande?
Mipande yemabhanan'ana?
Chipazamiti, chiwondomotsa misha?

Kuuya semutinhimira?
Mutinhimira wehuru gidi?
Gidi mudeuraropa, muunzarufu?

Kuuya seshura?
Shura rakashurikidzana?
"Madzotsoni" akarehwa neMatoko?

Kurambana!
Kunganzi kurambana?
Kungava kurambana sei?
Umwe achida umwe?
Anodiwa asingadi anomuda?
Hakunganzi here kurambwa?
Kwababa namai?
Kwamai nababa?
Baba namai vene vemhuri?
Kuramba aniko uku?
Kurambana?

Kunoreveka seiko?
Zvadzichine mukaka pamhino pwere?
Zvingareveka seiko?
Zvavava majaya nemhandara?
Ndingati here?
"Ndezvanhasi,
Zvavako kwese kwese vanangu,
Vazhinji varume vakasirwa vana."
Ndingati here?
"Utera hwangu?
Utera hwaamai?
Zvakakona zvaisava zvedu."
Dzingatangika seiko tsananguro?

Mhondi huru yemhuri!
Mhondi huru yerudo!
Mharadzi yerugare,
Mbavha yerufaro rwemhuri.
"Kurambwa,
Kuramba,
Kubvuma kurambana."
Kungataurike seiko?
Kune ava vapwere?
Batsiraiwo kani samatenga.
Iyi mhodzi irambe kumera.
Ikurire pamwe chete mhuri,
Mhuri yevatema!
Funga!

Sahwira!
Magumo rufu,

Mavambo hupenyu,
Hupenyu hutsva.
Kuramba mavambo,
Kukoka ako magumo.
Zvachabaya chatyokera,
Angatumbure ndiyaniko?
Kutumbura hugamuchira.
Kutsvagana neaunza denda,
Kuparana nenyonga nyonga.
Kugona hutachiona,
Kutevedza rairo.

Funga!
Hupenyu hutsva.
Kutevera zviitwa,
Zviitwa zvekutswasanudza muviri.
Kudya zvine utano,
Kuvimbika kune wako,
Wako akavimbikawo kwauri,
Gumbo mumba gumbo panze,
Kugoka wemuziso moto,
Unoitakura imwe mhando,
Mhando inotambudza yeutachiona.
Shandisawo mishonga yebatsiridzo,
Ewako muviri masoja asaparadzwaka,
Wadaro wararama.
Inoguma ingori HIV,
KuAIDS hauzosvike.
Gamuchira, sahwira!

Zvine ngozi

Zvine ngozi,
Rudo.
Rudo rwekuda munhu?
Rudo rwekudiwa nemunhu?
Munhu ane rudo?
Rudo rwekuda munhu?

Rudo!
Rweruchiva!
Rwevavhimi,
Vekuvhima nemunyu muhombodo.
Rudo rwekuda munhu.

Zvine ngozi,
Kuda munhu,
Kudiwa nemunhu,
Munhu wekuda munhu.
Mudyora zvese segondo.
Muda wese,
Wemutemarege wenyoka,
Nyoka inotema chaisingadye.

Ngwarirai!
Kushandiswa nevashandisi,
Kufuwiswa nevafuwisi,
Chenjera mwana wekubereka.

Ngwara mwanasikana.

Zvakanaka here?

Ruzhowa hwai?
Musungo rudzii?
Isvumbunuro rudziiko?
Inovhara pasingavhurike?
Yedungamunhu?
Yehumbimbindoga?
Yeshanje?
Dzekukanganwa ramangwana?
Yekukanganwa rufu?

Maitireiko vanababa?
Maitireiko vanamai?
Kusunga zvisingasununguke?
Kugarisa vamwe mumvura,
Narwo rwehove rukawo.
Kuzvimbisa vamwe matumbu.
Kuita vamwe zvembwa,
Kusunganisa vamwe chokwadi?

Ko, kumusiya kuneiko?
Waona kwake kusavimbika,
Zvemakwenzi zvineiko?
Makwenzi mharadzi?
Kusiya nyika uchisiya uroyi
Huroyi hwusina ani angabvisa?

Vofa here vasina vakadzi?
Vofa here vasina varume?
Nekuda kwaiwo werukawo?
Dzevamwe kodzero koshesaiwowee!

Mhosva ndeyei?

Chakaparwa,
Chisioneke kwavari.
Ingozi yerombe,
Ngozi yababa chaiyo,
Ingaripwe kunaniko?
Mabvazuva,
Madokero,
Chamhembe,
Maodzanyemba.
Hutiziro hwashaika.
Sere dzungairei sembwa ine gwembe.

Hondo huru;
Kurodza mapanga,
Kuridza gidi,
Kubata mhonza,
Kuruka uta,
Kuruka miseve,
Tsvimbo nembumburu.
Kukungira zvibhakera anyerere?
Mashoko ematukano!

Mhosva ndeyeiko?
Yavakapara ndeyeiko?

Kukoka gungano,
Zana rakazanirana.
Kukusha mashoko,
Mashoko enyonganiso,
Mashoko eruvengo,
Mashoko ehondo.
"Imhondi! Imbavha! Itsotsi!
Inyoka! Pondai musoro!
Munhurume!"
Ndizvo here vanhukadzi?
Masangano nemasangano?
Muzita rekodzero nejechetere?
Kurwisa vendebvu?
Vasina mhaka?
Vopihwa mhaka?
Mhosva ndeyeiko?

Ingava nyika?
Izere vemarokwe voga?
Ingava nyika?
Inonanga divi rimwe?
Ratariswa rimwe chete divi?
Divi rinodzvanyirira vendebvu?
Kubatana here?
Rakazokomba churu rinhiiko?
Rume rimwe?

Chakarikodza kwaaniko?
Chikuni chimwe?

Vanamaiwee!
Chenjerai kurasiswa ugaro,
Ugaro hweunhuhutema,
Nemuchetura wezvevauyi.
Munoyeuka bako manaiwa!
Zvenyu ndezvenyu kwenyu!
Zvavo ndezvavo kwavo!
Pauri

Ungazvirambe ndiyani?
Angaomesa wake sewehanga?
Chokwadi!
Zvachiri pamhene sebvi regotokoto?
Angaramba!
Angasanzi ane dzakatamba nepwere?

Pauri!
Riripo rinda,
Rinda risina akachera,
Rinda reasina akachema.
Rinda reasina anoziva.
Pauri!

Pauri!
Iripo hama,
Aripo ari nyikadzimu,
Aripo akaoneka akapakatira,
Aripo akaioneka mugungwa regazi.

Gazi reshungu nechinya.
Gazi rerudo nenyika.
Aripo! Pauri, paumire, paugere.

Pauri aripo,
Aripo asingaonekwi,
Asingaonekwi achikuona.
Asinganzwikwi achikunzwa.
Akaifira mupfumvu huru, matoramweya

Pauri!
Unofungeiko napo?
Pane zhinji rakadeuka,
Pane vazhinji vakatsakatika.
Panyika! Zimbabwe!
Ngapakosheswe!
Inhaka yeramangwana renyika!

Zvinoitirwei?

Kuita shumba nemunhu,
Katsi negonzo,
Bere nembudzi,
Tsuro nembwa.
Vanhu chokwadi?
Musoro ngaa,
Kushanduka serwavhi?
Tana kuramba?
Wamaive mukombe nechirongo?
Bhandi nebhurugwa?
Zvinoitirweiko?

Pwere dzodii?
Mazanda akakandirwa odii?
Oshaya vavhumbamiri?
Vavhumbamiri vachikandirana mhenyu?
Kutemesa musoro ura hwenyu?
Kurwadzisa moyo ropa renyu?
Kuvaita nhapwa vamakasikiswa naZame?

Kurambana?
Kurimirana miganhu?
Kucheka here hukama?
Kutuzuriranawo here?
Zvinoitirwei?

Kurambana!
Kungavapo panyama,
Parudo rwevana dananai,
Varambani! zvingaipa?

Hamheno!

Kuno
Yangu *"Mani U"*
Yako *"Livha Livha"*
Yake *"Chele chele"*
Yewoyo *"Magunners"*
Yeuwo *"Bhaka Bhaka"*
Ndiroka zendereka.

Kuno,
Zvobayana,
Mabhawa taa
Kukundika kufema
Vakatsikana vazukuru vaNehanda.
Husiku nemasikati.
Mhanda nemhanda
Ropa kudeuka nekudeuka.
Kukuza mutamboka uku?
Wekwavo.
Verumwe rudzi.

Ndiyo yavepo nhasika.

Kwavo?
Variko here?
Siku nesikati,
Vakapindwa gazi?
Vanotiwo;
Yangu "Hailenda?"
Yake "Dembare"
Yavo "Boso boso"
Yedu "Kauya katuru turu"
"Kepe kepe!"
Rangu, "Dzinza re*Zaire*"

Kushora zvako here?
Kuda zveumwe here?
Haungava hupambwinjere here?
Hwekuoneswa sezvevamwe zvemhando?
Kupfuura zvako?
Hamheno!

Midzimuwo!
Onaiiwo masheche enyu?
Angaichengeta nyika aya?
Pfungwa dzakanyudzwa munhabvu?
yevabvakure?

Goborawo gombo

Majaya!
Meso svinudzai.
Ingwarirei nguva.
Kutambisa nguva,
Kupedza nguva,
Kumirira nguva,
Nguva yeakapedza nguva?

Kuzvibata,
Makore nemakore.
Zviuya zviyedzo zvichikundwa.
Kutsunzunyira nekutsunzunyira.
Pedze woita ndereka?
Kunokorana nezuru rakapinda nyoka?
Jiri rakakuwa mazhanje?
Rakatutwa mazhanje nemapfeni?

Runako!
Rwaamai hunhu.
Vekutengesa umhandara chenjera.
Angatadza sei kutambisa mako,
Akagona ari mumaoko evabereki vake?
Kugoborawo gombo, shuvira!

Amai Taurai kani!

Chokwadi here?
Kusona muromo,
Bundu mumoyo roputika?
Mokoto mokoto misodzi,
Nyakata nyakata mumatama,
Tuzu, rukutu, ro ro ro zvenyu amai.
Mashoko enyu arambira mudenga sehore,
Hore yeiri risina nemvura gore?
Enyu kurambisisa nawo

Renyu bundu mumoyo,
Zendereka,
Chizvinozvino,
Zvimitauro-tauro,
Zvanhasi zvitendero.
Kuyeredza mhanda huru,
Huru mhanda yebango renyika,
Bango rebudiriro yerwedu rudzi?
Kuda kusimira pasi dzechivanhu?
Kuyeredza ukoshwa, mbiru yerudzi?
"Tsika nemagariro! Tsika nemagariro zvavanhu!"

Durai amai!
Uyu mucherechedzo wechakanaka
Malaysia, South Korea, China, Japan, Singapore neIndia,

Zvekwavo, tsika nemagariro vakakoshesa,
Nhasi hwavo hupenyu mutepfetepfe,
Budiriro kufashukira,
Upfumi jecha regungwa.
Ve*Africa* tadiiwo takoshesa dzedu,
Tsika nemagariro?
Hatingawanawo here rugare nebudiriro!
Kurasha kudurunhuru dzedu,
Kupinza dzevamwe musikiro muimba yemukati,
Munzanga, muchivanze.

Iyi ndiyo misodzi,
Misodzi yavo amai,
Mhezi yavavira mudumbu,
Angaikwenya ndiyaniko?
Shoko guru ravo amai!

Amai Taurai!

Mungangoti zii here amai?
Makangoti ndee chokwadi here amai?
Zvichingoti ngondo ngondo zvinhu?
Musha uchiita manyama amire nerongo?
Makasona zvenyu muromo amai?

Taurai Amai,
Zvinodhaka zvapedza pwere,
Vanakadzi votiza musha,
Vanababa vapondana,
Zvirwere zvatambudza rudzi,
Hwatekeshera huori,
Kupandukirana vanyamumhu,
Vanamai voponda varume,
Vabati vezvibharo kuvacheche,
Varimi vanorima sora
Mhandu dzepesaniso
Makorokoza anopfeka dzevatongi,
Mbavha dzinoshonga dzechipurisa,
Mhombwe dzinosinira dzehupofita.

Zvezviminzwa mundove.
Taurai amai,
Taurai imire yechipikirwa.
Taurai munyerere,

Namazwi ekuona,
Taurai vakaterera!
Taurai amai!

Mmap New African Poets Series

If you have enjoyed *Taurai Amai,* consider these other fine books in the **Mmap New African Poets** Series from *Mwanaka Media and Publishing:*

I Threw a Star in a Wine Glass by Fethi Sassi
Best New African Poets 2017 Anthology by Tendai R Mwanaka and Daniel Da Purificacao
Logbook Written by a Drifter by Tendai Rinos Mwanaka
Mad Bob Republic: Bloodlines, Bile and a Crying Child by Tendai Rinos Mwanaka
Zimbolicious Poetry Vol 1 by Tendai R Mwanaka and Edward Dzonze
Zimbolicious Poetry Vol 2 by Tendai R Mwanaka and Edward Dzonze
Zimbolicious: An Anthology of Zimbabwean Literature and Arts, Vol 3 by Tendai Mwanaka
Under The Steel Yoke by Jabulani Mzinyathi
Fly in a Beehive by Thato Tshukudu
Bounding for Light by Richard Mbuthia
Sentiments by Jackson Matimba
Best New African Poets 2018 Anthology by Tendai R Mwanaka and Nsah Mala
Words That Matter by Gerry Sikazwe
The Ungendered by Delia Watterson
Ghetto Symphony by Mandla Mavolwane
Sky for a Foreign Bird by Fethi Sassi
A Portrait of Defiance by Tendai Rinos Mwanaka
Zimbolicious: An Anthology of Zimbabwean Literature and Arts, Vol 4 by Tendai Mwanaka and Jabulani Mzinyathi

When Escape Becomes the only Lover by Tendai R Mwanaka
وَيَسـهَرُ اللَّيلُ عَلَى شَـفَتي...وَالغَمَام by Fethi Sassi
A Letter to the President by Mbizo Chirasha
This is not a poem by Richard Inya
Pressed flowers by John Eppel
Righteous Indignation by Jabulani Mzinyathi:
Blooming Cactus by Mikateko Mbambo
Rhythm of Life by Olivia Ngozi Osouha
Travellers Gather Dust and Lust by Gabriel Awuah Mainoo
Chitungwiza Mushamukuru: An Anthology from Zimbabwe's Biggest Ghetto Town by Tendai Rinos Mwanaka
Zimbolicious: An Anthology of Zimbabwean Literature and Arts, Vol 5 by Tendai Mwanaka
Because Sadness is Beautiful? by Tanaka Chidora
Of Fresh Bloom and Smoke by Abigail George
Shades of Black by Edward Dzonze
Best New African Poets 2020 Anthology by Tendai Rinos Mwanaka, Lorna Telma Zita and Balddine Moussa
This Body is an Empty Vessel by Beaton Galafa
Between Places by Tendai Rinos Mwanaka
Best New African Poets 2021 Anthology by Tendai Rinos Mwanaka, Lorna Telma Zita and Balddine Moussa
Zimbolicious: An Anthology of Zimbabwean Literature and Arts, Vol 6 by Tendai Mwanaka and Chenjerai Mhondera
A Matter of Inclusion by Chad Norman
Keeping the Sun Secret by Mariel Awendit
سِجلٌ مَكتُوبٌ لتَائه by Tendai Rinos Mwanaka
Ghetto Blues by Tendai Rinos Mwanaka
Zimbolicious: An Anthology of Zimbabwean Literature and Arts, Vol 7 by Tendai Rinos Mwanaka and Tanaka Chidora

Best New African Poets 2022 Anthology by Tendai Rinos Mwanaka and Helder Simbad
Dark Lines of History by Sithembele Isaac Xhegwana
a sky is falling by Nica Cornell
Death of a Statue by Samuel Chuma
Along the way by Jabulani Mzinyathi
Strides of Hope by Tawanda Chigavazira
Young Galaxies by Abigail George
Coming of Age by Gift Sakirai
Mother's Kitchen and Other Places by Antreka. M. Tladi
Best New African Poets 2023 Anthology by Tendai Rinos Mwanaka, Helder Simbad and Gerald Mpesse
Zimbolicious Anthology Vol 8 by Tendai Rinos Mwanaka and Mathew T Chikono
Broken Maps by Riak Marial Riak
Formless by Raïs Neza Boneza
Of poets, gods, ghosts. Irritants and storytellers by Tendai Rinos Mwanaka
Ethiopian Aliens by Clersidia Nzorozwa
In The Inferno by Jabulani Mzinyathi
Who Told You To Be God by Mariel Awendit
Nobody Loves Me by Abigail
The Stories of Stories by Nkwazi Mhango
Nhorido by Siphosami Ndlovu and Tinashe Chikumbo
Best New African Poets 10th Anniversary: Selected English African Poets by Tendai Rinos Mwanaka
Best New African Poets 10th Anniversary: Interviews and Reviews of African Poets by Tendai Rinos Mwanaka
Best New African Poets 10th Anniversary: African Languages and Collaborations by Tendai Rinos Mwanaka

ANTOLOGIA DOS MELHORES "NOVOS" POETAS AFRICANOS 10º Aniversário: Poetas Africanos Da Língua Portuguesa Selecionados by Lorna Telma Zita and Tendai Rinos Mwanaka
ABRACADABRA, by Olivia Ngozi Osuoha
DES MEILLEURS "NOUVEAUX" POÈTES AFRICAINS 10ᵉ Anniversaire : Poètes africains d'expression française by Geraldin Mpesse and Tendai Rinos Mwanaka

www.ingramcontent.com/pod-product-compliance
Lightning Source LLC
Chambersburg PA
CBHW070309230426

43664CB00015B/2686